PETER GLOTZ

**Der Irrweg
des Nationalstaats**

PETER GLOTZ

Der Irrweg
des Nationalstaats

Europäische Reden
an ein deutsches Publikum

Deutsche Verlags-Anstalt
Stuttgart

CIP-Titelaufnahme der Deutschen Bibliothek

Glotz, Peter:
Der Irrweg des Nationalstaats: europäische Reden
an ein deutsches Publikum / Peter Glotz. –
Stuttgart: Deutsche Verlags-Anstalt, 1990
ISBN 3-421-06582-9

© 1990 Deutsche Verlags-Anstalt GmbH, Stuttgart
Alle Rechte vorbehalten
Lektorat: Ulrich Volz
Typografische Gestaltung: Brigitte Müller
Satz: Setzerei Lihs, Ludwigsburg
Druck und Bindearbeit: May + Co., Darmstadt
Printed in Germany

INHALT

VORWORT

Dies sind Reden gegen die Idylliker, die Harmlosen – oder die, die sich gern harmlos geben. Ich sage: Es ist gut, daß der »reale Sozialismus« zusammengebrochen ist; aber jetzt beginnt die Arbeit erst. Europa ist nicht am Ende der Geschichte angelangt; wir geraten keineswegs in eine Situation, in der nur noch ein paar volkswirtschaftliche, aber keine politischen Probleme mehr zu lösen sind. Die neunziger Jahre des zwanzigsten Jahrhunderts werden vielmehr zu einer Zeitspanne, in der über die Rolle Europas für eine sehr lange Zeit entschieden wird. Entweder es gelingt uns, eine neue – europäische, supranationale – Ordnung aufzurichten; oder wir werden zu einem Museum der Weltgeschichte, mit Politikern als Museumspädagogen. Als ein Haufen halb rivalisierender, halb kooperierender Nationalstaaten, die sich, bei geringem Handlungsspielraum, allzuoft auf symbolische Politik beschränken müssen, immer wieder einmal ihre Minderheiten drangsalieren und gelegentlich von inneren Schwierigkeiten durch ein kleines außenpolitisches Abenteuer ablenken, hat dieser Kontinent keine Zukunft.

Die mitteleuropäische Revolution von 1989 wirkt als Wasserscheide, als großer Bruch. Eine Ordnung, eine feste Struktur, die Doppel-Hegemonie der Vereinigten Staaten und der Sowjetunion, ist zerfallen. Es gibt keinerlei Grund, dieser»Ordnung« nachzuweinen; sie war brutal und ungerecht. Aber niemand sollte sich einbilden, daß die Aufrichtung einer neuen Struktur, die Konstruktion eines Skeletts, eines Knochengerüsts für die vielen Weichteile Europas ein leichtes Geschäft ist. Noch wirkt die Freude der plötzlichen Befreiung nach; noch verdecken wir durch westeuropäische Konferenzroutine und anrührende mitteleuropäische Zeremonien den Ernst der Lage. Aber allzu lange dürfen die Momente der Euphorie nicht mehr dauern. Europa hat eine kaum mehr erwartete, zweite Chance bekommen. Aber es schwebt auch in großer Gefahr.

Ich rede von der Wiedergeburt des Nationalismus in Mittel- und Osteuropa; und vom ersten, noch vorsichtigen, aber schon deutlich spürbaren Echo, das diese Wiedergeburt im Westen auslöst. Zwei Schwächen, Leichtsinnigkeiten, Fehleinschätzungen kommen zusammen: die Unkenntnis, ja Ignoranz der politischen Klassen des Westens gegenüber der Mitte und dem Osten Europas und die alberne *nonchalance der* liberalen Intelligenz gegenüber einer Gefahr von rechts.

Was stellen wir uns eigentlich vor, wie Kroaten, Serben, Albaner, Armenier, Aserbaidschaner, Ukrainer, Polen, Slowaken, Magyaren oder Rumänen die gegenwärtige Situation erleben? Die meisten dieser Menschen leben mindestens 45 Jahre, manche aber auch schon 70 unter unterschiedlich brutalen Diktaturen. Ihre wirtschaftlichen Perspektiven sind oft genug miserabel; und die Hilfe, die die westliche Welt ihnen bietet, bleibt dürftig. Unterschiedliche Völker hocken, oft seit Jahrhunderten, unter dem Druck sozialer Spannungen auf engem Raum zusammen. Aber viele von uns nehmen die gefährlich aufgewühlte Reizbarkeit dieser Massen gar nicht wahr und phantasieren davon, daß es nur noch einiger Konferenzen bedürfe, bis das gesamte Europa aus harmlos und glücklich prosperierenden Demokratien westlichen Zuschnitts besteht.

Gleichzeitig wirbelt die Dynamik des von nationalstaatlichen Grenzen Schritt für Schritt befreiten Kapitalismus im Westen Europas Millionen von Lebensläufen durcheinander. »Schöpferische Zerstörung« ist das Stichwort; ein unaufhörlicher Aufstieg und Niedergang einzelner Familien, Branchen und Unternehmen in die obere Sphäre hinein und aus ihr wieder heraus hält diese Gesellschaften in Atem; allein die Süd/Nord-Wanderung von Millionen von Arbeitern schafft Hunderte kleiner Explosionsherde. Die ideologischen Zündschnüre, mit denen man diese Ladungen in die Luft jagen kann, liegen wohlverwahrt bereit.

Warum sind wir so sicher, daß auch in der neuen Situation, nach der Entfernung der Stacheldrahtzäune, nach der Vermarktung der Mauerstücke aus Berlin, nach der Vertreibung der Einpartei-Herrschaften ein neuer Nationalismus keine Chancen hat? Warum halten wir es für unmöglich, daß der Rechtspopulismus des Westens im Osten zündet? Nur weil es Jean-Marie Le Pen und Franz Schönhuber bisher nicht gelungen ist, wirksame und auf Dauer arbeitsfähige Massenorganisationen der Rechten aufzubauen? Ich halte das für eine gefährliche Illusion – und führe damit die Argumentation fort, die ich in meiner Streitschrift »Die deutsche Rechte« begonnen habe. Die letzten Korrekturen am Manuskript zu jenem Buch habe ich Mitte September 1989 abgeschlossen, also knapp zwei Monate vor dem Fall der Mauer in Berlin. Seither haben die Umstände der deutschen Einigung die Gefahr des Aufstiegs einer neuen, harten Rechten der öffentlichen Aufmerksamkeit entzogen. Aber sie besteht fort; eine intelligent operierende Rechte hätte heute mehr Ansatzpunkte als vor einem Jahr.

Das Programm dieser Reden ist in der ersten entwikkelt; es muß hier nicht vorweggenommen werden. Ich argumentiere mit Herder gegen Fichte, mit den Austro-Marxisten gegen Lenin, aus der geistigen Tradition der multi-ethnischen, föderalistischen Vielvölkerstaaten gegen den ein-nationalen Zentralstaat. Mein Motiv: Ich spüre, daß die Entlegitimierung des Nationalismus durch Hitler nachläßt. Da wird es notwendig, nachzuweisen, daß die Katastrophen-Folge der europäischen Politik im zwanzigsten Jahrhundert nicht von der obskuren rassistischen Ideologie der Nazis ausgelöst wurde, sondern von der sozusagen unverdächtigen, mit der Volkssouveränität verschwisterten Idee des Nationalstaats.

Ich publiziere diese Reden, mit denen ich jetzt auf Reisen (oder, wie man bei Schaustellern und Politikern sagt: zum Tingeln) gehe, mit drei wehmütig-abrundenden Bemerkungen. Sie werden die Zahl meiner Freunde vielleicht nicht erhöhen; aber mein Arzt, ein bewundernswert toleranter Internist aus Mainz, hat mir empfohlen, nicht mehr allzuviel herunterzuschlucken.

Die erste Bemerkung richtet sich an die Anpasser, die Achselzucker, die sogenannten Pragmatiker. Ich meide die rüde Ausdrucksweise des Briefwechsels von Marx und Engels, wo gelegentlich vom »liberalen Saupack« die Rede ist. Es geht mir auch gar nicht um die Liberalen als historische Partei. Es geht mir um jenen Teil der politischen Klasse, deren Hirne von Gorbatschows Spruch »Wer zu spät kommt, den bestraft das Leben« in Beschlag genommen worden sind. Jetzt werfen sie sich tollkühn in die Zeitströmung, die gerade vorbeifließt; und obwohl sie den Kopf nur selten aus dem Wasser bekommen, rufen sie noch ans Ufer zurück, daß die Strömung sie genau in jene Richtung trage, in die sie schon immer gewollt hätten. Ihr Argument lautet: Einem mächtigen Trend kann man nicht widerstehen, man muß sich ihm anpassen, um ihn zu steuern. Beim Wort »steuern« fällt mir immer ein gewisser Herr von Papen ein. Der wollte Hitler steuern; das Ergebnis ist bekannt. Aber das ist natürlich eine polemische Assoziation. Es wäre allzu rigoros, die hilflose Zeitgenossenschaft, die ich hier kritisiere, mit jenem Parvenu zu vergleichen, der am Ende der Weimarer Republik eine Episodenrolle in der deutschen Geschichte übernommen hat.

Aber eins darf man nicht verschweigen: Während die harte Rechte noch sprachlos ist, bauen ihr die Allesversteher schon wieder Brücken. Sie trumpfen nicht auf, wenn sie über diese Brücken gehen, sie sind noch leise und manierlich. Aber sie tuscheln schon wieder, sie »sprechen beiseite«. Wenn man genau hinhört, dann versteht man Wortfetzen. Es klingt wie »zeitgemäßer Nationalismus«, »gesundes Nationalgefühl«, »historische Stunde«. Ich halte von diesen teils raffiniert-hinterhältigen, teils gutgemeinten Kompromißangeboten gar nichts. Dem Nationalismus darf man keine Konzessionen machen, man muß ihm ein Konzept entgegensetzen, und zwar ein praktisches – nicht nur eine Idee, sondern ein Interesse. Die Vereinigten Staaten von Europa zum Beispiel nützen einer bemerkenswerten Zahl von Leuten, die ganz angesehenen und praktischen Beschäftigungen nachgehen: Maschinenbau-Herstellern, Mikroelektronikern, Metallgewerkschaftern, Kaufhaus-Managern, Sprachlehrern usw. Die muß man gegen die nachhinkenden bürgerlichen Zwischenschichten mit ihren teils romantischen, teils jakobinischen Sehnsüchten mobilisieren.

Die zweite Bemerkung geht an die national gesinnten Deutschen. Sie ist ziemlich respektvoll und enthält ein Angebot, das ich in der Fünften Rede ausformuliere. Wir müssen uns nämlich klar darüber sein, daß mit der staatlichen Einigung Deutschlands am 3. Oktober 1990 bestenfalls die Vorbedingung dessen geleistet ist, was wir normalerweise mit dem gefühlsbetonten Wort »Einheit« umschreiben. Eine Einheit werden wir nur bilden, wenn die Deutschen von Frankfurt an der Oder bis Frankfurt am Main und von Rügen bis Kiefersfelden einen Minimalkonsens entwickelt haben. Wie wäre es, wenn wir uns sofort daran machten, die Diskurse zu organisieren, in denen allein ein solcher Konsens entstehen kann?

Noch sind die Bedingungen für solche Diskurse ganz ordentlich. Denn wenn wir ehrlich sind, können wir zugeben, daß die erdrückende Mehrheit der Politiker und eine große Mehrheit des Volkes an die deutsche Einheit nicht mehr geglaubt hat. Ich gestehe offen: Ich habe eine Vereinigung der beiden deutschen Staaten nicht für möglich gehalten. Das gleiche gilt für Helmut Kohl; man lasse sich aus dem Archiv der nächstbesten Regionalzeitung die Äußerungen kommen, die er den CDU-Abgeordneten Todenhöfer oder Friedmann (die gelegentlich eine »operative Wiedervereinigungspolitik« gefordert hatten) entgegenschleuderte. Dasselbe gilt für die Spitze der SPD. Dasselbe gilt für die Spitze der FDP. Dasselbe gilt für die Grünen, die keine Spitze haben. Kurz und gut: Bis auf ein paar Außenseiter in allen westdeutschen Parteien und in kleinen, tapferen ostdeutschen Oppositionsgruppen hatte sich das deutsche Volk mit der Teilung arrangiert. Was für eine wunderbare Voraussetzung, jetzt ohne Rechthaberei einen neuen Anfang zu machen.

Allerdings wirklich einen *neuen,* also einen Anfang ohne Blechbläser. Da ist der erste Fehler schon passiert. Der 3. Oktober als »Tag der deutschen Einheit« ist der falsche Staatsfeiertag; der richtige wäre der 9. November gewesen. Der 3. Oktober ist der Jahrestag eines Verwaltungsakts, festgelegt von zwei Regierungen. Der 9. November aber ist der Tag, an dem das Volk nach heftigen Auseinandersetzungen die Öffnung der Mauer erzwang. Vor allem ist der 9. November Gelegenheit zu vielfältiger, der 3. Oktober aber nur Gelegenheit zu eindimensionaler Erinnerung. Am 9. November 1918 gab es eine Revolution, am 9. November 1923 einen Putsch Hitlers, am 9. November 1938 ein schreckliches antisemitisches Pogrom – und dann am 9. November 1989 eine Niederlage für Diktatoren. Warum scheuen wir vor dieser Komplexität zurück und kaprizieren uns auf den Jahrestag einer einzigen Staatsaktion?

Das ist zwar ein schwerer Fehler, aber wir können ihn verwinden. Was wir nicht verwinden könnten, wäre ein neuer nationaler Rausch. Derzeit sieht es so aus, als wollte niemand ihn inszenieren. Aber damit wir bewußt und wachsam bleiben, zitiere ich ein paar Sätze des großen österreichischen Schriftstellers Robert Musil. Der hat über das »berauschende Gefühl« geschrieben, das 1914 ausbrach, als bei Kriegsbeginn plötzlich alle Deutschen sich einbildeten, »zum ersten Mal mit jedem Deutschen etwas gemeinsam zu haben. Man war plötzlich Teilchen geworden, demütig aufgelöst in ein überpersönliches Geschehen, und spürte, von ihr eingeschlossen, die Nation geradezu leibhaft; es war, als ob mystische Ureigenschaften, welche in einem Wort eingeschlossen die Jahrhunderte verschlafen hatten, plötzlich so real erwachten wie die Fabriken und Kontore am Morgen. Man muß schon ein kurzes Gedächtnis oder ein weites Gewissen haben, um über späterer Besinnung das zu vergessen. Selbst die wenigen, die sich diesem ungeheuren Druck entziehen wollten, konnten es nicht durch ruhiges Beharren tun, sondern nur durch Gegenstoß. Wer schon zu Beginn Kriegsgegner war, mußte es fanatisch sein; er spie der Nation ins Gesicht, er meuchelte sie und bewies damit nur – die Konträrfaszination.«

Eine solche Situation gälte es zu meiden. Die staatliche Einheit ist ja nun organisiert; jetzt können wir uns für die eigentliche Einheit, die Erarbeitung einer gemeinsamen Identität, Zeit lassen. Im Sinne von Talleyrand. Der sagte zuweilen zu seinem Kutscher: »Jean, fahr langsam, ich habe es eilig.« Wir sollten Talleyrand lesen.

Meine dritte und letzte Bemerkung geht an die Kollegen und Freunde; an die politische Klasse. Meine Botschaft lautet: Man kann sich ändern, man muß sich ändern. Als Beispiel wähle ich eine kontroverse Figur, einen bedeutenden Schriftsteller, den die einen lieben und die anderen hassen, Ernst Jünger.

Er war, nach dem Zeugnis des *Tagebuchs*, einer Zeitschrift des jüdischen, linksliberalen Publizisten Leopold Schwarzschild, der »unbestrittene geistige Führer des ›Jungen Nationalismus‹«. Schwarzschild war anders als viele unserer heutigen Journalisten; er ließ auch die härtesten Gegner, zum Beispiel Jünger, zu Wort kommen. Und der schrieb in der linksliberalen Zeitschrift: »Die Ordnung ist der gemeinsame Feind.« Der Nationalismus sei der »reine und unbedingte Wille zum Einsatz für die als einen zentralen Wert gefühlte und erkannte Nation«. Und dann im Crescendo: »Zerstörung ist das Mittel, das dem Nationalismus dem augenblicklichen Zustande gegenüber allein angemessen erscheint.« Das war 1929. 1941 verfaßte Jünger seine Friedensschrift, die er 1944 dem gefallenen Sohn widmete. Dort wird dem Nationalstaat eine endgültige Absage erteilt.

Und zu den Regionen, über die sich die neue nationalistische Intelligentsia der Bundesrepublik inzwischen lustig macht, sagte der Verfasser so vieler schrecklicher Maximen: »Indem die Konkurrenz der Nationalstaaten erlischt, kann etwa der Elsässer als Deutscher oder als Franzose leben, ohne zu dem einen oder anderen gezwungen zu sein. Vor allem aber kann er als Elsässer leben, wie es ihm gefällt. Das ist ein Wiedergewinn an Freiheit, der bis in die Völkersplitter, in die Stämme und Städte sichtbar werden wird. Im neuen Hause kann man freier als in den alten Bretone, Welfe, Wende, Pole, Baske, Kreter, Sarde oder Sizilianer sein.« Ist das ein Lernprozeß oder nicht?

Ähnliche Lernprozesse müssen sowohl die Rechte als auch die Linke in Deutschland absolvieren. Die Rechte muß ihren Glauben an die Abstammung ablegen, ihre Angst vor der Vermischung, ihre Vergötterung des Staats. Aber auch die Linke darf nicht stehenbleiben. Nur weil deutsche Vertriebenenverbände lange Jahre gegen die Ostpolitik der Linken Sturm liefen, darf man nicht unterschlagen, daß Vertreibung ein nationalistisches Verbrechen ist. Nur weil die bisherigen Militärbündnisse, NATO und Warschauer Pakt, auf ständige Aufrüstung programmiert waren, darf man sich in der Zukunft nicht auf Einrichtungen friedensrichterlicher

Art verlassen. Den kleinen Holocausts, der Unterdrükkung, Vertreibung und Ermordung von Minderheiten, wird man nur durch handlungsfähige, wirkungsvolle Bündnisse entgegentreten können. Die werden anders aussehen, anders bewaffnet sein müssen als die heutigen. Aber sie müssen Macht haben; und eine neue Form von Souveränität, die über die Souveränität der Nationalstaaten hinausgehen muß. Die Linke muß begreifen: Wir brauchen nicht nur ein die Menschenrechte garantierendes Völkerrecht, wir brauchen auch Institutionen, die dieses Völkerrecht durchsetzen. Robert Musil ist in diesem Vorwort schon einmal vorgekommen. Ich verspreche, daß er in den Reden kaum mehr vorkommt – so schwer mir das fällt. Aber am Schluß dieser Einführung muß ich ihn noch einmal zitieren; aus dem 83. Kapitel seines großen Romans, dem »Mann ohne Eigenschaften«. Es heißt dort: »Die Eskadron reitet in Zweierreihen, und man läßt ›Befehl weitersagen‹ üben, wobei ein leise gesprochener Befehl von Mann zu Mann weitergegeben wird; befiehlt man nun vorne: ›Der Wachtmeister soll vorreiten‹, so kommt hinten heraus: ›Acht Reiter sollen sofort erschossen werden‹ oder so ähnlich. Auf die gleiche Weise entsteht auch Weltgeschichte.« Vielleicht können wir dazu beitragen, daß Weltgeschichte – in Europa – künftig zuweilen auch auf andere Weise entsteht.

Die »Europäischen Reden an ein deutsches Publikum« sind, in verknappter Form, an den September-Sonntagen 1990 im »Bamberger-Haus« des Münchner Nordens, meinem Wahlkreis, gehalten und diskutiert worden.

Menzenberg, im September 1990   Peter Glotz

ERSTE REDE

Europa nach dem Zusammenbruch des Ostblocks

Vor diesem Kreis spreche ich normalerweise einmal im Jahr, an jedem 6. Januar, am Dreikönigstag. Der Zweck ist dann Rückschau auf das abgelaufene und Vorschau auf das kommende Jahr. Ich habe mich gefreut, daß das Interesse an diesen Reden von Jahr zu Jahr gestiegen ist; und hatte die Absicht, mich weiter daran zu freuen – nach dem Prinzip: einmal im Jahr, als Gegenanzeige zur unpolitischen deutschen Weihnacht, nicht zu lange, und danach gibt's die Gelegenheit zu Schweinsbraten, Kraut und Knödeln. Als alternder Politiker bin ich zum erfahrenen Schauspieler geworden: Man soll sein Publikum nicht überfordern. Auch in München nicht, der Stadt, die sich in den letzten hundert Jahren an die unterschiedlichsten *performances* gewöhnt hat: von den berühmt gewordenen Reden eines zur Sozialdemokratie verschlagenen Landadligen, Georg von Vollmar, in der Bierhalle »Eldorado« zum erotischen Theater Frank Wedekinds, von Max Webers halb pathetischem, halb verzweifelndem Vortrag »Politik als Beruf«, gehalten vor Münchener Studenten in der Revolutionszeit, bis zu den obskuren politischen Messen, die Adolf Hitler im Bürgerbräu-Keller zelebriert hat.

Wenn ich das Risiko eingehe, den angenehm eingeschliffenen Rhythmus ein einziges Mal zu unterbrechen und am Ende des Sommers 1990, ein Jahr nach der mitteleuropäischen Revolution und mitten im Prozeß des

Zusammenschiebens zweier deutscher Staaten – der Bundesrepublik und der DDR – gleich mehrere Reden hintereinander zu halten, dann verlangt das eine sehr gute Begründung. Ich nenne sie: Es ist meine Überzeugung, daß Europa jetzt, nach dem Zusammenbruch des sogenannten »Ostblocks«, seine zweite Chance erhält. Die erste Chance der europäischen Völker, zu einem vernünftigen Zusammenleben unter erträglichen Bedingungen zu kommen, 1918/19, nach dem ersten großen Krieg, wurde blutig verfehlt, weil die Mitteleuropäer sich in den Irrweg des Nationalstaats hineinjagen ließen. Meine Sorge ist, daß sie die zweite auch versäumen – aus demselben Grund. Eine dritte wird es nicht geben. Das rechtfertigt, denke ich, die Zumutung dieser September-Reden.

Es sind Reden vor einem deutschen Publikum, aber keine deutschen Reden, sondern europäische. Was mich umtreibt, ist zum Beispiel das Plädoyer des türkischen Wissenschaftlers Ismail Besikçi vor einem türkischen Gericht, in dem er über die Zustände im türkischen Kurdistan berichtet: »Die Männer werden nackt ausgezogen. Vor den Augen der Frauen und Kinder werden die Männer gefoltert. An die Geschlechtsorgane der Männer werden Seile angebunden, die die Frauen im Dorf führen sollen.« Die Kurden, auf die vier Staaten Türkei, Iran, Irak und die Sowjetrepublik Armenien verteilt, wollen einen eigenen Staat. Sie werden diesen Staat, der noch nie existiert hat, nicht bekommen. Aber man könnte ihnen das Recht auf ihre Sprache und ihre Kultur, auf politische Mitwirkung, ja auf körperschaftliche Selbstverwaltung geben – wenn da nicht die nationalstaatliche Ideologie wäre, wie sie sich auf einem Blechtransparent zeigt, das im Frühjahr dieses Jahres in der kurdischen Stadt Diyarbakir über die Straße gespannt war. Auf diesem Blechtransparent standen die Worte: »Die unzivilisierten Nationen sind dazu verurteilt, unter den Füßen der zivilisierten Nationen zertreten zu werden.«

Was mir angst macht, ist die Gründung der groß-russischen Kampforganisation »Pamjat« und der rumänisch-chauvinistischen Vereinigung »Vatra Romaneasca«; diese will schon zwei Millionen Mitglieder geworben haben. Ich denke an die türkische Minderheit im griechischen Westthrazien, die sich nicht türkisch, sondern nur muslimisch nennen darf; oder an die Pomaken in Bulgarien, deren Namen zwangsbulgarisiert werden sollten. Ich frage mich, ob die Sympathie für das kleine litauische Volk auch von Sympathie für die polnische und russische Minderheit in Litauen begleitet wird. Kurz und gut: Ich befürchte, daß an die Stelle des zerbröselnden Marxismus-Leninismus der alte völkische Nationalismus tritt und daß der Nationalismus des Ostens den des Westens hochschaukelt. Was dann?

Natürlich muß auch von Deutschland die Rede sein. Nicht in apokalyptischem Ton; immerhin kann man sich in der Hoffnung wiegen, daß die Mehrheit der Deutschen heute zu reich ist, um hysterisch zu werden. Zwei Drittel der Deutschen haben etwas zu verlieren; und viele Millionen, die Älteren, schleppen noch mehr oder weniger deutliche Kriegserinnerungen mit sich herum: an brennende Städte, an den warnenden Ton von Sirenen, an Hamstertouren aufs Land und vielleicht sogar an einen verlorenen Zug von deportierten Juden oder Kriegsgefangenen, die durch irgendeine deutsche Straße getrieben wurden. Dieses deutsche Volk ist in der Mischung und Stimmung des Jahres 1990 eher vorsichtig als bedenkenlos, eher mißmutig-tüchtig als verwegen-eroberungssüchtig. Deshalb werde ich nicht die Befürchtung an die Wand malen, daß die Deutschen im letzten Jahrzehnt dieses Jahrhunderts sich genauso benehmen könnten wie im zweiten oder im vierten und fünften.

Ich werde nicht der Aufrechterhaltung eines Staates das Wort reden, dessen Institutionen zusammengebrochen sind; ob aus innerer Schwäche oder durch Einwirkung von außen oder, was das Wahrscheinlichste ist, durch beides zusammen. Zwar braucht man in der Politik dringend Leute mit Möglichkeitssinn, also mit der Fähigkeit, alles, was ebensogut sein könnte, zu denken und das, was ist, nicht wichtiger zu nehmen als das, was nicht ist. Aber man muß heute alle Energie darauf konzentrieren, dafür zu sorgen, daß die Deutschen aus Ost und West sich auf eine vernünftige Identität einigen und sich zu einer Nation von Staatsbürgern zusammenschließen – und nicht zurückfallen auf die ethnische Schicksalsgemeinschaft. Das verlangt Kraft genug und verbietet Raufhändel um die Optionen von gestern.

Ich stelle mich also darauf ein, daß im Europa der neunziger Jahre zwei von drei Nachfolgestaaten des Dritten Reiches vereinigt sein werden. Um so wichtiger ist die Frage, wie sich eigentlich verhindern läßt, daß in diesem Europa ein systemloses Durch- und Nebeneinander von soundsoviel angeblich gleich souveränen Staaten, ein strukturloses Chaos entsteht. Erst diese Gefahr wirft die eigentliche »deutsche Frage« auf. Sie lautet: Was ist zu befürchten, wenn in einem solch strukturlosen Nebeneinander Deutschland dann, wie zu erwarten steht, die stärkste Macht wird? Wenn Ostdeutschland rasch, wie Westdeutschland, ein wohlhabendes Land würde, während die Polen, die Tschechen, die Slowaken und die Ungarn lange noch arm und hilfsbedürftig blieben? Wie würden die Deutschen eine solche Entwicklung verkraften? Und wie würden unsere Nachbarn solche Deutschen verkraften?

Wie sieht, mit groben Strichen gezeichnet, die Lage in Europa aus nach der mitteleuropäischen Revolution? Im Westen befanden wir uns am Vorabend jener Revolution gerade an dem Punkt, wo »Schollenkleberei« den entscheidenden Eliten lästig zu werden begann. Die Entwicklung von Kommunikation und Wirtschaft drängte eindeutig auf größere Strukturen. Wie im neunzehnten Jahrhundert der überlieferte absolutistische Kleinstaat weichen mußte, weil die mangelnde Größe der Wirtschaftsgebiete zum Hemmnis der Entwicklung der Produktivkräfte geworden war, boten sich jetzt übernationale Ordnungsformen – wie zum Beispiel die Europäische Gemeinschaft – als Alternative zu den Nationalstaaten an. Die Frage ist, ob das von kaum jemandem erwartete Zerbersten des Ostblocks diese Entwicklung beschleunigt oder lähmt; beides ist möglich.

Die materiellen Interessen drängen auf Europäisierung. Die Internationalisierung der Produktion und ihrer Finanzierung ist unaufhaltsam. Was für die Ökonomie gilt, gilt auch für die Ökologie: Der Dreck aus den Braunkohle-Kraftwerken der DDR und der Tschechoslowakei gefährdet auch die Bronchien der Menschen in der Bundesrepublik oder in Schweden. Und der Friede ist im Zeitalter der Satelliten und der Interkontinentalraketen auch nicht mehr von einem politischen Grundstück zum anderen zu sichern. Man wird sich vielmehr überlegen müssen, wie angesichts der Unmöglichkeit von großen Kriegen kleine Holocausts zu verhindern sind.

Karl Marx hat geglaubt, daß Ideen sich immer blamieren, wenn sie in Konflikt mit Interessen geraten. Es spricht immer noch manches für seine These. Aber man kann nicht sicher sein. Wäre es denkbar, daß nachhinkende bürgerliche Zwischenschichten sich erneut zu einer nationalistischen Intelligentsia formieren und handfeste Interessen vom Tisch wischen? Schon kurz nach dem Tod von Karl Marx hat Nietzsche zu bedenken gegeben: »Wir ›guten Europäer‹: Auch wir haben Stunden, wo wir uns eine herzhafte Vaterländerei, einen Plumps und Rückfall in alte Lieben und Engen gestatten, Stunden nationaler Wallungen, patriotischer Beklemmungen und allerhand anderer alterthümlicher Gefühlsüberschwemmungen«. Der Mann muß die Jahre 1989 und 1990 vorhergesehen haben.

Hat im Osten und Südosten der ökonomische Mißerfolg die Ideologie widerlegt? Oder hat der ideologische Zweifel – man kann auch sagen: der Freiheitswille der aufsteigenden Mittelschichten – ein ärmliches, brutales, aber halbwegs funktionierendes System der Bedarfsdekkung zerstört? Gorbatschow bewegt sich jedenfalls wie ein brillanter Solotänzer, dem als Bühne ein Minenfeld zugewiesen wurde.

Ein taktloser amerikanischer Diplomat hat gesagt, die Sowjetunion erweise sich immer mehr als ein Obervolta mit Raketen. Das ist falsch. Die Sowjetunion erweist sich als Rußland; man kann um Gorbatschow herum ziemlich mühelos das Personal der »Brüder Karamasow« von Dostojewski identifizieren. Dieses Reich ist militärisch stark und wirtschaftlich schwach. Vor allem aber ist es ein zerplatzender Vielvölkerstaat. Wenn die Sowjetunion nicht zerfallen sollte, wäre das ein Wunder; Jugoslawien zerfällt schon.

Und Zentraleuropa? Mitteleuropa? Es gravitiert nach dem Westen. Aber der Westen ist nicht vorbereitet. Die Europäische Gemeinschaft versucht mühsam ihre »Süderweiterung« – um Spanien, Portugal, Griechenland – zu verdauen und atavistische Anfälle der Engländer durch beruhigendes Kopfnicken abzuwehren. Dem ungestümen Andrang von Ungarn, Polen, Tschechen, Slowaken oder gar Bulgaren und Rumänen ist sie nicht gewachsen. Das verstärkt die ohnehin vorhandene Gefahr einer romantisch-ritterlichen, stolz-individualistischen, aber realitätsfernen politischen Kultur in Mittelosteuropa.

Natürlich ist es »verständlich«, daß das mehr als vierzig Jahre unterdrückte Bürgertum Zentraleuropas zuerst einmal die alten Helden ausgräbt: Palacký, Kossuth oder Mickiewicz. Wir haben indes nicht viel Zeit. Wenn sich Westeuropa den Mitteleuropäern zu früh öffnet, wird sein labiles inneres Gefüge zerstört. Öffnet es sich zu spät, könnte die krankhafte Entfremdung, die durch Nationalitäts-Wahnsinn entsteht, längst alle Chancen für eine neue europäische Struktur zerschlagen haben.

Ein paar verspätete Hegelianer glauben, der Zusammenbruch des Kommunismus bringe eine Art Ende der Geschichte. Man kann diese deutsche, inzwischen nach Amerika exportierte »Trunkenboldigkeit« (Nietzsche) nur angelsächsisch kommentieren: mit dem Begriff *nonsense*. Auf deutsch müßte man »Schafscheiß« sagen; das wäre jedoch nicht graziös genug.

Wir sind gegen nichts gefeit. Wenn wir schlecht sind, fallen wir in die Zeit zwischen den beiden Weltkriegen zurück. Wenn wir aber die Lage begreifen und auch noch Glück haben, könnte das vielbeschworene Europa endlich entstehen – eine europäische Föderation, in der erreicht wäre, daß unterschiedliche Völker auf dem gleichen Stück Erde zusammen, miteinander und durcheinander leben könnten und nicht das Bedürfnis entwickelten, sich gegenseitig zu vernichten.

Ich will Ihnen jetzt das Programm dieser Reden entwerfen. Bevor ich das tue, will ich aber offen aussprechen, daß es auch einen persönlichen Grund dafür gibt, mich auf die giftige Auseinandersetzung einzulassen, die da bevorsteht. Denn eine giftige Auseinandersetzung sehe ich voraus. Der Nationalismus ist, ganz entgegen der Auffassung unserer liberalen Intelligenz in Europa, nicht im Verschwinden, sondern erneut im Anschwellen. Der deutsche Nationalismus, der sich in diesem Jahrhundert zweimal überschrien hat und leise geworden war, erhält von außen Bestätigung, ob aus Kroatien, der Slowakei oder Litauen; man nimmt die Argumente, wie sie kommen, und fragt nicht viel nach der Unterschiedlichkeit der Bedingungen. Und die Wortführer des deutschen Bürgertums, bis weit hinein in die Sozialdemokratie, geben ihre verständnisvolle Standpunktlosigkeit schon wieder als republikanischen Pragmatismus aus. Im Kalten Krieg war die Freiheit schick, in den Siebzigern die Entspannung, jetzt kommt das Nationale an die Reihe.

Es wird nicht mehr lange dauern, bis in den technisierten Salons der Nation, den Talkshows, die ersten großungarischen Nationalisten und baltischen Freiheitskämpfer auftauchen; sie sind um so vieles amüsanter als die evangelischen Pastoren aus der DDR mit ihrer Manie, Sandalen über Socken zu tragen; und natürlich eher zu verstehen, verwandter und notabene leichter zu erreichen als ein Mujahedin aus Afghanistan. Vor allem aber sprechen diese entzückenden Leute, wie ich die Frau eines Regierungspräsidenten kürzlich sagen hörte, alle deutsch. Man wolle das ja nicht über Gebühr betonen, hat sie leiser hinzugefügt, aber es gäbe immerhin hundert bis hundertzwanzig Millionen deutschsprechender Menschen in Mitteleuropa. Zumindest kulturell müßte das den Deutschen doch zu denken geben.»Zumindest kulturell«, habe ich der Dame kopfnickend bestätigt und dabei das »zumindest« betont. Aber ich glaube nicht, daß sie diese Ironie verstanden hat.

Die persönliche Geschichte, die ich als Erklärung für meine Angst und meine Wut anführen möchte, ist keineswegs ungewöhnlich. Es ist einfach dies: Ich stamme aus Böhmen; seit 1918/19 sagt man: aus dem Sudetenland. Aber der deutsche Begriff Sudetenland trifft das Problem nicht. Ich bin Deutscher, geboren in der alten Reichsstadt Eger, die am Tag meiner Geburt seit einigen Monaten zum Deutschen Reich, zum Dritten Reich, gehörte. Ich stamme aus einer Familie, die viele Generationen zurück im österreichischen Vielvölkerstaat gelebt hatte. Meine Vorfahren, die sich natürlich immer ohne Wenn und Aber als Deutsche verstanden hatten, waren von den anderen Deutschen durch Krieg getrennt worden; durch jenen Krieg des Jahres 1866, mit dem Bismarck seine Reichsgründung vorbereitete. Und ich stamme aus einer gemischten Ehe: der Vater Deutscher, die Mutter Tschechin. Im Dritten Reich, wo die Ehe meines Vaters eine *mesalliance* war, hörte ich häufiger den Satz:»Was der Mann ist, ist die Frau.« Nach 1945 ging's dann umgekehrt; da schützte die Tschechin den Deutschen vor der Rache der von den Nazis tief gedemütigten tschechischen Unterschicht. Wenn ich das Wort »Nation« höre, läuten in mir alle Glocken; wobei ich nicht weiß, was das für Glocken sind, denn ich habe

sonst mit Glocken in meinem erwachsenen Leben nicht
mehr viel zu tun gehabt.

Aber ich habe jetzt die Sache von hinten aufgezäumt,
von meinen Erinnerungen an die Hitler-Zeit und an das
Jahr 1945, in dem ich die erste Klasse einer tschechischen
Schule besuchte. Es gab, weit vorher, auch die Zeiten
der »böhmischen Nation«. Wissen Sie, was das war? Es
war die Einheit der Bewohner des Landes Böhmen, Slawen und Deutsche nebeneinander. Die deutsche Sprache unterschied nicht zwischen den Böhmen als Sam-
melname für alle Einwohner des Landes und den Böhmen als Benennung ihres slawischen Teils. Genauso im
Tschechischen: Das Eigenschaftswort *česky,* in der
Übersetzung »tschechisch«, wird sowohl auf das Land
Böhmen als Ganzes als auch auf den slawischen Volks-
teil bezogen. Und es gab einen bedeutenden Philosophen, Bernard Bolzano, der mit großer Resonanz einen
»böhmischen Patriotismus« aus dem Geist der Aufklärung entwickelte. Nur merkwürdig: Der Philosoph
Fichte, dem Nietzsche »verlogne aber patriotische
Schmeicheleien und Übertreibungen« vorwarf, ist noch
in aller Munde, den Bolzano kennen nur ein paar Fachleute und ein paar Böhmen.

Ich könnte aber auch noch von anderen Zeiten berichten. Im alten Österreich hatten die Deutschen und die
Tschechen in Böhmen und Mähren das Recht auf ihre
eigenen Schulen. Die Oberschicht stellten die Deutschen; die deutsche Bildung vermittelte größere Chancen als die tschechische. Also gab es jahrzehntelange
Querelen, weil tschechische Eltern ihre Kinder in deutsche Schulen schickten. Einem Bekenntnis-Prinzip
wurde ein Sprach-Prinzip entgegengesetzt. Aber es gab
Kinder tschechischer Eltern, die nur schlecht tsche-

chisch sprechen konnten; und Kinder deutscher Eltern, die kaum deutsch verstanden. Was sollte maßgebend sein: Muttersprache, Umgangssprache oder Haussprache? Die Behörden fingen an, Erhebungen anzustellen, zum Beispiel über die Partei- und Vereinstätigkeit der Eltern, über die Herkunft aus mehrheitlich deutschen oder mehrheitlich tschechischen Gebieten (schon 1890 befand sich gut die Hälfte der Einwohner Böhmens und Mährens nicht mehr in ihrem Geburtsort), über Eintragungen, die bei der letzten Volkszählung gemacht worden waren.

Ich will die Geschichte nicht weitererzählen. Es kämen jetzt die brutalen Berichte dran; von den friedlichen Massenversammlungen, zu denen die deutschen Gewerkschaften und die deutsche Sozialdemokratische Partei am 4. März 1919 aufgerufen hatten und in die das tschechische Militär wahllos hineinschoß. Oder von den Massenmorden, die die Deutschen nach dem Attentat auf Heydrich an Tschechen in dem kleinen Ort Lidice, und nicht nur dort, verübten. Es ist bekannt, wie die Zwei-Völker-Geschichte Böhmens schließlich endete: mit der Austreibung von drei Millionen Deutschen. Ein Spezialist für vergleichende Landesgeschichte hat von der »Verfallsgeschichte politischer Kultur, die auf das Konto des extremen Nationalismus beider Völker zu schreiben ist«, gesprochen. Sie wissen jetzt also, woran Sie mit mir sind.

Und nun zum Programm dieser Reden:
Erstens: Dies sind Reden gegen den Nationalismus – aber es sind keine Reden gegen Nation und Nationalität, wenn darunter das Besondere einer Gruppe von Menschen einer Gesellschaft gemeint ist. Ich habe natürlich

nicht die Absicht zu leugnen, daß es Gemeinschaften gemeinsamer Meinungen gibt; Gruppen von Menschen, die ineinander verkettete Kommunikationsmethoden besitzen. Ich verspüre auch keine Lust, Gefühle der Solidarität lächerlich zu machen, die aus gemeinsamer Geschichte, gemeinsamer Kultur, gemeinsamer Sprache entstehen mögen. Aber ich werde mich gegen den Mystizismus der Abstammung wenden, gegen den Irrglauben der völkischen oder ethnischen Schicksalsgemeinschaft und gegen die narzißtische Selbstaufblähung, die irgendwann die Idee der überlegenen »Deutschheit« oder die zynische Maxime »right or wrong, my country« hervorgebracht hat. Meine These wird sein: Es gibt Zusammengehörigkeitsstrukturen, auch Zusammengehörigkeitsgefühle, kollektive Identität; aber wir dürfen niemals zulassen, daß Menschen – zum Beispiel, weil sie Fremde sind – für immer vom Zugang zu dieser Identität ausgeschlossen werden und daß diese Identität hergeleitet wird aus Rasse, Blut, Sprache und unbefragt und schaudernd hingenommener Geschichte.

Was ist Nationalismus? Ein amerikanischer Ethnologe: »Nationalismus ist eine ideologische Verpflichtung, die Einheit, Unabhängigkeit und Interessen einer Bevölkerung zu verfolgen, die sich als Gemeinschaft betrachtet ... Er kann darauf abzielen, eine Gemeinschaft zu vereinigen, die durch politische Grenzen geteilt ist, oder die Unabhängigkeit einer Gemeinschaft anstreben, die einer größeren politischen Gemeinschaft einverleibt ist.« Der Mann spricht von den Yugambas in Afrika. Aber er sagt ungefähr dasselbe wie ein ganz moderner Deutscher, der noch 1988 in einer liberalen Wochenzeitung den aufgeladenen Begriff »Volk« folgendermaßen zu erklären versuchte: »Ein Volk ist eine Gemeinschaft von Menschen gleicher Sprache, gleicher Geschichte und gleicher Kultur, die sich ihrer Eigenart bewußt ist, diese Eigenart bewahrt, lebt und verteidigt und deren Glieder sogar bereit sind, das Wohl der Gemeinschaft über das Eigenwohl zu stellen.«

Vom Gesellschaftsvertrag, vom vernünftigen Argumentieren, von der Überprüfung vorgefundener Traditionen, vom kritischen Umgang mit den eigenen Gefühlen ist keine Rede. Der Nationalist schwärmt scheinbar neutral, sachlich, beschreibend von der »Eigenart«; er liebt übrigens Begriffe wie »normal«, »natürlich« und »organisch«. Aber er weigert sich strikt, darüber nachzudenken, wann, unter welchen Bedingungen und mit welchen Brutalitäten eine Bevölkerung zu einem »Volk« gemacht worden ist: ein Produktionsvorgang – aber er wird mythisch verdunkelt. Daß die Spracheinheit einer Bevölkerung häufig das Resultat willkürlicher Eingriffe ist, darf nicht einmal erwähnt werden. Wer das Problem, Kikuyus, Luos und Massais in Kenia dazu zu bringen, sich als Kenianer zu betrachten, mit dem allerdings tausend Jahre vorher unternommenen Versuch vergleichen würde, Provenzalen zu Franzosen und Sachsen und Franken zu Deutschen zu verschmelzen, beginge ein unsühnbares Sakrileg. Der »Nationalcharakter« ist für die Nationalisten nicht etwa der Niederschlag vergangener geschichtlicher Prozesse, der durch folgende politische Prozesse verändert wird, sondern »Substanz«. Gegen diese Lügengebilde, die zwei Seiten haben: nach außen Beherrschungsgelüste, nach innen Fremdenfeindlichkeit, werde ich ankämpfen.

Zweitens: Seit 1945 fürchten die meisten Deutschen den Ruf, nationalistisch zu sein, wie der Teufel das Weihwasser. Das hindert sie aber nicht, am Ziel des

Nationalstaats festzuhalten. Sie geben sich gerne französisch. Hatte die nationale Idee in Frankreich nicht auch eine Wurzel im demokratischen Prinzip? Sie hatte. Also fühlt man sich berechtigt, weiterhin zu fordern, daß Volks- und Staatsgrenzen nach Möglichkeit zusammenfallen sollen, und operiert mit zwei ehrwürdigen Begriffen: dem der Souveränität und dem des Selbstbestimmungsrechts der Völker.

Die Befürworter des Nationalstaats verdrängen freilich, daß Ideen an der Wirklichkeit scheitern können. Auch Frankreich wurde nicht ohne schreckliche Kämpfe zu einem zentralistisch regierten Nationalstaat. Man kann es heute noch hören, zum Beispiel wenn in Korsika Bomben explodieren; man kann es aber auch nachlesen, zum Beispiel beim Pfarrer von Embermesnil, Abbé Grégoire, der 1794 dem Comitté d'Instruction Publique berichten mußte: In vielen Teilen des Landes war Spanisch, Baskisch, Italienisch, Flämisch, Bretonisch oder Deutsch die offizielle Landessprache geblieben; und im übrigen wurde nur in etwa fünfzehn Departements im Inneren des Landes die französische Sprache ausschließlich benutzt. Daneben, so berichtete der Geistliche, gebe es noch ungefähr dreißig *patois* mit eigenem Namen, also Sprachen, die dem französisch Sprechenden ebenso fremd blieben wie das Platt dem hochdeutsch Sprechenden.

Allerdings: Wenn wir vom Kampf der Iren und der Basken absehen, auch die Konflikte zwischen Flamen und Wallonen (und manches andere) vergessen, dann war der Nationalstaat *im Westen* Europas schließlich ein »Erfolg«. Bei den durcheinander siedelnden Völkern Mittel- und Osteuropas aber führte dieses Konzept zu einer schrecklichen Abfolge von Kapitalverbrechen. Die

Fachausdrücke heißen Sprachfanatismus, Einvolkung, Umvolkung und Rücksprachung, Zwangsassimilation, Massenzwangswanderung, innerstaatliche Deportation, nationale Flurbereinigung und Genozid, Völkermord. Und seit die Türken und die Griechen 1923 in einem in der friedlichen Bürgerstadt Lausanne säuberlich geschlossenen Vertrag miteinander vereinbarten, Hunderttausende von Menschen wechselseitig über ihre Grenzen zu treiben, war den Europäern keine Idee zu bizarr, als daß sie nicht versucht hätten, sie zu verwirklichen. Das hygienische Vergasen von Millionen von Juden in deutschen Öfen war nur das schrecklichste Verbrechen, das alle anderen überschattet. Aber dürfen wir dulden, daß die massenhaften Morde an den Armeniern in der Türkei, an den Ukrainern in Galicien, der monströse Versuch der Umsiedlung aller deutschsprachigen, für das Reich optierenden Südtiroler oder die Ausbürgerung und Vertreibung von Abermillionen von Menschen zwischen den Weltkriegen und nach dem Zweiten Weltkrieg zu Fußnoten der Geschichte werden? Insbesondere, da alles weitergehen kann – im Kosovo oder in Siebenbürgen, im Kaukasus oder in den Grenzregionen der Türkei, des Iran und des Irak?

Ich habe von der versäumten ersten Chance Europas gesprochen. Sie hätte, nach der Katastrophe des Ersten Weltkriegs, darin bestehen können, die alten übernationalen»Reiche« radikal zu demokratisieren, zu modernisieren und, Stein für Stein, sozialstaatlich zu unterfangen. Aber die nationalistische Ideologie, der Territorialtrieb, genauer: die zwanghafte Idee einer Dreieinigkeit von Volk, Territorium und Staat war zu stark. Ein Blick auf die Siedlungskarte der mitteleuropäischen Völkermischzone hätte zeigen können, daß das nationalstaatliche Prinzip für Mittel- und Osteuropa ungeeignet war; diesen Blick hat niemand riskiert. Die Pariser Vorortverträge schufen ein ganzes Schock neuer Nationalstaaten. Die »Encyclopaedia Britannica« notierte 1929 trokken: »Das Resultat der Friedensverträge war, daß jeder Staat in dem Gürtel der gemischten Bevölkerungen sich für einen Nationalstaat hielt. Aber die Tatsachen sprachen dagegen. Nicht einer dieser Staaten war tatsächlich uninational, wie es nicht eine Nation gab, deren Glieder in einem einzigen Staate lebten.«

Ich werde mich also nicht zu jenen vernünftigen, pragmatisch, realistischen Liberalen gesellen, die nur übertriebenen Nationalstolz für Nationalismus halten. Ein Nationalist muß für diese Liberalen, bildlich gesprochen, vor lauter Hysterie in den Teppich beißen. Tut er das nicht und räumt er – als Deutscher zum Beispiel – gar bereitwillig ein, daß auch Türken und Polen große Völker (»aber eben *andere* Völker«), seien, wird ihm auf der Stelle zugebilligt, nur von »gesundem Nationalgefühl« erfüllt zu sein. Aber das ist falsch. Ich werde zeigen, daß nicht »kranke« Übertreibung, sondern das nationalstaatliche Prinzip selbst das zwanzigste Jahrhundert in Europa zu einem Jahrhundert der Kriege und der Flüchtlinge gemacht hat. Ich werde deshalb den Nationalismus nicht als krankhafte Überheblichkeit, sondern als jene politische Ideologie behandeln, die auf eine Übereinstimmung ethnischer und staatlicher Grenzen fixiert ist und das Ziel einer kulturell »einheitlichen« Gesellschaft verfolgt. Wir müssen uns klar machen: Das Unglück Europas ist nicht von Teppich-Beißern verschuldet, sondern von Herren in tadellosem Flanell mit ruhigen Stimmen, die in einem gewissen Ordnungssinn den scheinbar plausiblen Wunsch haben, alle Mitglieder

ihres »Volkes« – und möglichst niemanden anderen – in
einer einzigen Struktur, einem einzigen Apparat, einer
einzigen Organisation und auf einem einzigen Stück
Land zu vereinigen. Der russische Filmregisseur Pavel
Lungin hat den Nationalismus als den Krebs bezeichnet,
der die Welt auffrißt. Er hat recht.

Drittens: Ich will für Föderalismus und Personalismus
argumentieren – und gegen die verhältnismäßig primitive Idee der Territorialherrschaft, des souveränen
Flächenstaats, der Konzentration der Herrschaftsmittel
in einer zentralisierten Leistungseinheit. Wir müssen
Begriffe wie das »Selbstbestimmungsrecht der Völker«
und die »Souveränität« neu durchdenken. Ich frage
spitz: Wie viele europäische Souveränitäten überfliegt
ein Airbus in einer Stunde? Die Kleinstaaterei des neunzehnten und zwanzigsten Jahrhunderts wird mit den Zu-
kunftsproblemen – der Erhaltung der Natur, der Ernäh-
rung einer täglich explosiv wachsenden Menschheit, der
Organisation des Friedens – nicht mehr fertig. Also
drängt alles auf neuartige, sinnreich konstruierte Ver-
flechtungen, großräumige Zusammenarbeit, Abgabe alter Souveränitätsrechte und wirksame Staaten-Verbin-
dungen.

Ich will meine These an einem Beispiel verdeutlichen,
am Beispiel meiner Heimat, deren traurige Geschichte
mir am klarsten vor Augen steht. Als die Nationalisten
den Vielvölkerstaat Österreich-Ungarn lange genug als
»Völkerkerker« verunglimpft hatten, entstanden aus der
Erbmasse nicht Nationalstaaten, sondern Nationalitätenstaaten im Zwergmaßstab. In der Tschechoslowakei ließ man die Tschechen, die rund fünfzig Prozent der
Bevölkerung ausmachten, zum »staatsführenden« Volk
avancieren; und eine Zeitlang experimentierte man auch

mit der absurden Idee eines Kunstprodukts, indem man das tschechische und slowakische zu einem »tschecho-slowakischen« Volk verbinden wollte. In Wirklichkeit war die Tschechoslowakei eine Tschecho-Germano-Polno-Ungaro-Rutheno-Rumano-Slowakei. Diese Bezeichnung stammt von Mussolini, aber in diesem seltenen Fall hatte er recht. Da sich dieser Staat aber, anders als Österreich-Ungarn, nicht als »Reich« verstand, nicht als Klammer zwischen den verschiedenen Völkern, sondern eben als tschechischer Nationalstaat, brachte er ein friedliches Zusammenleben seiner Nationalitäten nicht zustande.

Die Geschichte dieses Landes ist ein schrecklicher Beweis für das Scheitern des Nationalismus: bitterer Nationalitätenstreit, der brutale Eingriff eines mächtigen Nachbarn, Hitler-Deutschlands, scheinbar legitimiert durch die Benachteiligung der deutschen Minderheit, schließlich die Austreibung von drei Millionen Deutschen, eine vierzigjährige Diktatur, die lange Jahre von den Bajonetten eines anderen Nachbarn, der Russen, gestützt wurde, und jetzt die Gefahr der Separation eines weiteren Staatsteils, der Slowakei. Wenn ich in einem Hotel in Prag frühstücke, höre ich, von ein paar amerikanischen oder japanischen Brocken abgesehen, vor allem Deutsch. »Warum ham wir die Fisch gefressen?« – hätte meine Großmutter gefragt. Und vom Fenster des Münchener Prinz-Carl-Palais habe ich kürzlich, beim Warten auf eine kurze Audienz beim neugewählten Präsidenten Václav Havel, auf eine kleine, aber giftige Demonstration von Anhängern des Slowakischen Volkskongresses geschaut. Die Plakate verlangten die Freiheit der Slowakei. Wäre es nicht doch besser gewesen, mußte ich da denken, dem Konzept des tschechischen Kommunisten Bohumir Šmeral zu folgen, der den Vielvölkerstaat demokratisieren wollte, statt ihn zu zerschlagen?

Das Beispiel lehrt, daß Europa zu einer übernationalen Ordnung, zu politischen Formationen multi-staatlicher, multi-ethnischer, multi-kultureller Art zurückkehren muß. Dazu bedarf es einer neuen Sichtweise auf den Staat. Es ist wie bei Inversionsbildern. Beim sogenannten Rubinschen Becher zeigt die weiße Fläche einen Pokal, die schwarze zwei Gesichtsprofile. Wer die Gesichter sieht, erkennt den Pokal nicht. Wer den Pokal identifiziert, ist blind für die Gesichter. Der souveräne Flächenstaat verstellt uns den Blick auf die »reichische« Tradition, die viele Jahrhunderte europäischer Geschichte prägte. Aber an sie müssen wir anknüpfen, wenn wir uns in einem Europa zurechtfinden wollen, in dem die Kompetenzen zwischen ganz unterschiedlichen Herrschaftseinheiten kompliziert verschränkt sind: der EG, der NATO, der KSZE, den Nationalstaaten, den Regionen.

Wie ich gegen den Nationalismus spreche und für das Kooperativ-Übernationale, gegen den Zentralismus und für das Föderalistische, werde ich auch dem »Personalismus« das Wort reden, nicht der platten Mehrheitsregel. Die juridische Konstruktion der Gleichheit aller vor dem Gesetz wird zur Farce, wo ethnische, sprachliche, rassische oder religiöse Mehrheiten zu ständigen Mehrheiten werden. Wo die Staatsbevölkerung einheitlich ist, kann die Opposition jederzeit zur Regierung werden. Wo unterschiedliche Völker und Volksgruppen zusammenleben, ist die Gefahr groß, daß eine Gruppe die andere auf Dauer majorisiert.

In Ulster/Nordirland regierte von 1921 bis 1972 mit

der Unionist Party die protestantische Bevölkerungs-mehrheit. Die katholische Minderheit war ein halbes Jahrhundert von der Teilnahme an der Macht ausge-schlossen. Das Ergebnis ist Terror, von beiden Seiten. Deshalb plädiere ich für die Beteiligung aller Gruppen an der Macht statt für die Mehrheitsherrschaft; für Autonomie statt für Assimilationszwang; für die Pro-portionalität statt für das Übergewicht einer Gruppe, für das Minderheiten-Veto statt für die Fremdbestim-mung. Im Mährischen Ausgleich des Jahres 1905, der festlegte, daß Deutsche und Tschechen in national ge-trennten Kurien eine feststehende Zahl von Abgeordne-ten ihrer Nationalität wählen sollten, in einem ähnli-chen Vertrag von 1910 in der Bukowina, wo Deutsche, Juden, Rumänen und Ruthenen friedlich zusammen-lebten, oder bei der Beilegung des belgischen Spra-chenstreits gibt es Denkmodelle, die weiterentwickelt werden können.

Der nächste europäische Krieg wird nicht dadurch entstehen, daß der Warschauer Pakt die NATO angreift – oder umgekehrt. Weit eher zu befürchten ist der erbar-mungslose Ausrottungskrieg gegen eine Minderheit, die bekannte, dreckige Eskalation von Kooptation und Kor-ruption über Assimilationsdruck, Entnationalisierung, innere Umsiedlung, Vertreibung bis hin zum Völker-mord. Wo entsteht der erste europäische Krieg, der dann natürlich nicht als Krieg bezeichnet werden wird, sondern als innere Angelegenheit eines souveränen Staates? Wird es ein Giftgas-Krieg gegen die Kurden sein, ein Aufstand der Rumänen in Moldawien oder of-fener Terror gegen die Ungarn in Siebenbürgen? Vor solchen Abstürzen in die Inhumanität muß uns ein Europäisches Sicherheitssystem der Zukunft bewahren.

Ich spreche für eine übervölkische, übernationale Rechtsordnung.

Viertens: Und schließlich werde ich – wohl vergeblich – versuchen, dem alten Kontinent Europa die Angst vor der Einwanderung auszureden. Als Europäer sind wir gegen die *Zwangs*assimilation, gegen das Ausradieren von Völkern, gegen die Uniformierung, gegen die Zerreibung von Sprachen, Traditionen und Literaturen in einer ärmlichen, globalen Massenkultur. Aber was sollen wir gegen die freiwillige Einwurzelung eines türkischen Jungen in den Dialekt und die Vororte von Rüsselsheim haben? Dem deutschen Hochmut gegen die westlichen, »unvölkischen« Assimilierungs- und Schmelztiegelideen kann man mit einem deutschen Dichter entgegentreten, mit dem alten Thomas Mann, der an seinem siebzigsten Geburtstag am 6. Juni 1945 in der Library of Congress in Washington »als Amerikaner zu Amerikanern« geredet hat. »Wie heute alles liegt«, sagte er da, »ist meine Art von Deutschtum in der gastfreien Kosmopolis, dem rassischen und nationalen Universum, das Amerika heißt, am passendsten aufgehoben.« Europa, so werde ich behaupten, hat eine Chance als »gastfreie Kosmopolis«; sonst hat es keine mehr.

Das kann man schon an dürren Ziffern ablesen: Durch die Welt geistern heute zwölf bis fünfzehn Millionen politische Flüchtlinge. Nimmt man die Umweltflüchtlinge, die Wirtschaftsflüchtlinge, die Armutsflüchtlinge hinzu, dann vergrößert sich die Zahl auf eine halbe Milliarde. Gleichzeitig schrumpft die europäische Bevölkerung. In Deutschland werden nur noch sechzig Prozent der Kinder geboren, die für die »Bestandserhaltung« der Bevölkerung notwendig wären; 1950 waren zehn Prozent der Deutschen älter als 65 Jahre und fünfundzwanzig Prozent jünger als 15 Jahre; im Jahr 2030 werden fünfundzwanzig Prozent älter als 65 Jahre und zehn Prozent jünger sein als 15 Jahre.

In den meisten europäischen Industrienationen ist die Lage nicht anders. Die Vorstellung, daß die Europäer künftig in einer phantastisch ausgebauten, halbleeren Infrastruktur sitzen könnten, mit ihrem Energiebedarf die Natur der Dritten Welt ausplündernd und gelassen zusehend, wie auf anderen Kontinenten die Menschen einander tottreten, ist monströs. Aber sie ist nicht nur monströs; monströs waren wir häufiger. Sie ist unrealistisch.

Ich weiß schon, daß ich hier von der schwierigsten Aufgabe der europäischen Politik spreche. Die Identität der Völker ist auch in Europa immer noch national. Weniger geschwollen ausgedrückt: Wenn Leute länger zusammenleben, gewöhnen sie sich aneinander, färben aufeinander ab und entwickeln – wenn man ihnen das nicht austreibt – eine gewisse Abneigung gegen Mitmenschen aus einer anderen Weltgegend. Ich rede von Mythologie, von der Bindung an die Begräbnisplätze der Vorfahren, von der Botschaft eines georgischen Dichters:»Die Menschen werden schlecht, wenn sie nicht an ihre Väter denken; denn niemand wird gute Taten vollbringen, weil die Kinder ja doch nichts davon wissen werden.« Georgien ist immer noch überall. Was ist »Europa« heute? Bisher: verstandeskalter kosmopolitischer Modernismus und eine blaue Fahne mit zwölf goldenen Sternen.

Aber was war Deutschland 1770, als Herder die Lieder des »großen ehrwürdigen Teiles des Publikums, der Volk heißt«, entdeckte und eine »Deutsche Bewegung« anstieß? Eine Kulturgesellschaft der Lesenden und

Schreibenden, ein Aufbruch der jüngeren deutschen Intelligenz, ein Elitevorgang, ein Schock »deutscher« Zeitschriften mit winzigen Auflagen. Es gab keinen Zusammenhalt unter den Deutschen, keine Hauptstadt, nur wenige gemeinsame Interessen. Wenn es möglich war, aus einer Vielfalt von 314 souveränen reichsständischen Territorien und 1475 Reichsritterschaften zweieinhalb unglückliche Nationalstaaten zu schneidern, warum sollte es dann unmöglich sein, statt einer »Deutschen« eine Europäische Bewegung, statt eines Nationalstaats ein Europa der Regionen, zugleich übernational und föderalistisch, zu schaffen?

Was wir brauchen, das ist das Ende der Politik der Abstammung und der Einsprachigkeit – und eine europäische Intelligenz, die begreift, daß »die fremden Lebenden wichtiger werden als die eigenen Toten« (Peter Sloterdijk). Es geht um eine neue Stufe der Beweglichkeit der Menschen: um Mehrsprachigkeit und das Ertragen-Können des Fremden als Erziehungsziele in einem europäischen Curriculum.

Ich habe Ihnen jetzt gesagt, worum es mir geht. Das Beunruhigende an der gegenwärtigen Situation ist der fast gespenstische Eindruck der Wiederkehr des Gleichen: Ob es die kroatisch-serbische Spannung ist oder die überparteiliche Rolle der »Burg« unter Masaryk wie Havel, die Überspitzung des Nationalstaatlichen im Baltikum oder die Angst der altrumänischen Oberschicht vor der magyarischen Volksgruppe in Siebenbürgen – der Leninismus hat keinen Konflikt gelöst, er wirkte nur wie eine Tiefkühltruhe. Wir im Westen, bemerken wir jetzt, haben fast alles vergessen. Aber dort, hinter dem heruntergebrochenen Eisernen Vorhang, erinnern sie sich noch an ihre Gräber, die von Lidice, die von Katyn, die, welche Pilsudski im Herbst 1930 in der »polnischen Ukraine« hinterlassen hat, und viele, viele andere. Wie vermeiden wir, daß diese Erinnerungen aufbrechen wie alte Wunden? Die Welt von Jalta löst sich auf. Aber was für Figuren, was für Ideen werden aus dieser Auflösung hervortreten?

Gleichzeitig vergrößert im Westen der Prozeß der wirtschaftlichen Integration die Beweglichkeit der europäischen Bevölkerung. Das verstärkt die ethnische Vermischung, die wiederum provoziert Fremdenangst, Fremdenhaß und damit natürlich auch rechtspopulistische Parteien und Bewegungen. Was drohen könnte, ist ein Zusammenspiel der populistischen Rechten Westeuropas mit einem Teil des über vierzig Jahre hindurch unterdrückten, von einer freien geistigen Auseinandersetzung abgeschnittenen Bürgertums Ostmitteleuropas. Wenn dieser Funke überspränge, würde der Jahrhundertprozeß der europäischen Einigung zum Stehen gebracht. Gegen diese Gefahr rede ich an. Für die entschiedene Bekämpfung dieser Gefahr möchte ich Sie gewinnen.

ZWEITE REDE

Was ist Nationalismus?

Was ist eine Nation? Durch die Literatur, die sich mit diesem Thema beschäftigt, geistert ein melancholischer Spruch: »Eine Nation ist eine Gruppe von Menschen, die durch einen gemeinsamen Irrtum hinsichtlich ihrer Abstammung und eine gemeinsame Abneigung gegen ihre Nachbarn geeint ist.«

Bitte fürchten Sie nicht, daß ich Sie mit Definitionen traktieren will. Dies sind politische Reden. Die feierlichen Begriffe »Nation« und »Volk« sind natürlich weder naturwissenschaftliche noch ethnologische noch soziologische Begriffe – sie sind politisch. Häufig ist die ursprüngliche Bedeutung der beiden Worte geradezu vertauscht worden. Ein nationaler Leitartikler hat kürzlich die Bemerkung gemacht, es sei kein Zufall gewesen, daß die auf den Straßen und Plätzen der DDR demonstrierenden Massen während der revolutionären Vorgänge des Frühwinters 1989 die Losung »Wir sind das Volk« und nicht »Wir sind die Gesellschaft« ausgegeben hätten. Daran ist etwas Richtiges. Mit einem beschreibenden, die Wirklichkeit einigermaßen klar umreißenden Begriff ist es sehr schwer, Gefühle auszulösen.

Was der Leitartikler allerdings unterdrückte, war die andere Seite der Sache: Die wirksame und berechtigte Losung »Wir sind das Volk«, bei der der Akzent auf dem »Wir« lag und die polemische Spitze gegen die Oligarchie zielte, die in ihren Rechtfertigungsreden ständig vom »Volk« geredet hatte, konnte anschließend rasch umgemünzt werden in eine neue Formel: »Wir sind *ein* Volk«. Ein einziges Wort wurde geändert – und zugleich der ganze Sinn. Die Betonung wanderte von dem Wort »Wir« auf das Wort »ein«; und damit veränderte sich der Inhalt des Begriffs »Volk«.

In der ursprünglichen Losung hatte er *demos* gemeint, das Staatsvolk als Widerlager zu den Herrschenden. In der manipulierten Losung bedeutete das Wort »Volk« *ethnos,* also die allgemeine anthropologische Realität des Volkes »die Deutschen«. Der spontane Schlachtruf hatte von der kommunistischen Obrigkeit die Freiheit der Untertanen eingefordert. Die zweite Fassung hat die Einheit der Deutschen verlangt. Ich habe – rein professionell gesprochen – die höchste Achtung vor den Erfindern jener zweiten Fassung: Die Manipulation ist geradezu genialisch, weil sie mit einem minimalen Eingriff eine maximale Wirkung erzielt. Aber ich bin gleichzeitig von tiefem Zweifel gegenüber Begriffen erfüllt, die so vielseitig sind, daß zielbewußte Führungsgruppen sie derart wunderbar-selbstverständlich benutzen können.

Ich will die Frage, was die Begriffe »Volk« und »Nation« bedeuten und welche Rechte sich aus ihnen ableiten, an einem aktuellen politischen Konflikt verdeutlichen: am Kampf des litauischen, des lettischen und des estnischen Volkes um ihre Unabhängigkeit von der Sowjetunion. Die Lage ist so: Die öffentliche Meinung im Westen tritt für die Unabhängigkeit dieser Völker ein, und die Regierungen vertreten in der Mehrheit die gleiche Auffassung, äußern sie in der Regel aber nicht so deutlich, weil sie die Stellung des sowjetischen Staatspräsidenten Gorbatschow, die wackelig genug ist, nicht gefährden wollen.

Wenn man den durchschnittlichen Amerikaner, Kanadier oder Deutschen, der sich zur baltischen Frage überhaupt eine Meinung gebildet hat, fragen würde, was er über diese Auseinandersetzung denkt, dann würde er vermutlich antworten: Die Staaten Litauen, Estland und Lettland sind durch den Hitler/Stalin-Pakt, eine rechtswidrige und brutale Vereinbarung zweier Diktatoren, vernichtet worden. Jedes Volk hat ein Recht auf Selbstbestimmung. Die drei Völker haben sich in demokratischen Verfahren dafür entschieden, vom sowjetischen Vielvölkerstaat unabhängig werden zu wollen. Sie werden es mit ihrer Selbständigkeit natürlich nicht leicht haben, da sie kleine Völker sind. Aber auch kleine Völker haben ihre unveräußerlichen Rechte, erst recht gegenüber riesigen Reichen wie der Sowjetunion. Also muß man das Unabhängigkeitsbestreben der Litauer, der Letten und der Esten unterstützen.

Nun könnte man die Überlegungen dieser Zeitgenossen komplizieren. Man könnte darauf hinweisen, daß die drei Staaten, als Hitler und Stalin sie zerschlugen, gerade erst zwanzig Jahre selbständig waren. Nehmen wir die litauische Geschichte als Beispiel: Da gab es eine erste Großreichbildung Mitte des vierzehnten Jahrhunderts durch Gedimin. 1386 wurde Litauen durch Heirat des Großfürsten Jagiello mit Polen verbunden. Zwischen 1772 und 1918, nach Aufteilung des alten polnisch-litauischen Staates, war »Großlitauen«, wie man es nannte, Teil des Russischen Reichs; es gab aber auch Preußisch-Litauen oder Kleinlitauen. Die größeren Nachbarvölker – die Deutschen, die in den baltischen Staaten lange Zeit die Führungsschicht gestellt hatten, die Russen und die Polen – zerrten an den Litauern. Aber die eigentliche litauische Nationalbewegung entstand erst in der zweiten Hälfte des neunzehnten Jahrhunderts. Vorher hatten die unterschiedlichen Volksgruppen über lange Strecken gut zusammengelebt. Aufgrund dieser Geschichte gibt es in Litauen natürlich nicht nur Litauer; es gibt auch eine polnische und eine russische Minderheit. Und zumindest ein großer Teil der russischen ist mit der Loslösung Litauens von der Sowjetunion natürlich keineswegs einverstanden.

Den erwähnten Zeitgenossen würden all diese Erwägungen in seiner Meinung wohl kaum beeinflussen. Was die russische Minderheit betrifft, würde er darauf hinweisen, daß sie in den letzten Jahrzehnten sehr absichtsvoll vergrößert wurde. Damit hätte er recht. Im übrigen könnte er darauf verweisen, daß die baltischen Staaten in der kurzen Phase ihrer Unabhängigkeit ihre Minderheiten nicht schlecht behandelt haben. So bliebe lediglich eine vage Vorsicht, die von der im Westen weit verbreiteten Idee herrührte, man müsse Gorbatschow in seinem schwierigen Kampf gegen seine rückständige Nomenklatura unterstützen. Das westliche Durchschnittsbewußtsein, heißt das, ist heute geprägt von einigen Grundmustern: Die menschliche Kultur lebe nicht in ihren allgemeinen und universalen, sondern in ihren besonderen und nationalen Äußerungen, der Geist eines Volkes drücke sich vor allem in seiner Sprache aus und vor allem: ein Volk gehöre zu einem Territorium. Diese Leitideen führen in der baltischen Frage zu einem eindeutigen Ergebnis: Die staatliche Selbständigkeit der Litauer, der Esten und der Letten hat die Sympathie im Westen für sich.

Ich will diese Sympathie nicht mindern oder gar zerstören. Es gibt gute Argumente für die Loslösung der baltischen Staaten von der Sowjetunion. Das beste

hängt allerdings mit dem, was die bewußten oder unbe-
wußten Nationalisten unklar als »nationale Frage« bezeichnen, gar nicht zusammen: Es ist der Hinweis darauf, daß die wirtschaftliche Entwicklung in Litauen,
Lettland und Estland am ehesten gebessert werden
kann, wenn die Befehlsstränge aus der Moskauer Zen-
trale endgültig gekappt sind. Aber mir geht es hier nicht
um die wichtige Einzelfrage, wie der Nordosten Europas
in der Zukunft staatlich organisiert werden soll, sondern
eben um das westliche Durchschnittsbewußtsein, um unsere Denkfiguren, unsere Denktraditionen in bezug auf
Nation, Volk, Sprache, Territorium und Staat. Ich will
sagen: Man kann sehr wohl für die Unabhängigkeit der
Balten eintreten; nur eben nicht aus den Gründen, die
den meisten von uns im Hinterkopf stecken.

Die Denkfiguren, die ich gerade vorgeführt habe,
werden von den meisten für normal, für selbstverständlich, vor allem für »natürlich« gehalten. Was wirklich
natürlich ist, schildert der Sozialwissenschaftler Karl W.
Deutsch an folgendem Beispiel: Als nach dem Ersten
Weltkrieg eine Kommission die Grenzen zwischen Ungarn, der Tschechoslowakei und Polen festlegen sollte,
kamen sie in ein kleines Dorf in den Karpathen, wo die
drei Länder aufeinanderstoßen. Die erste Frage, die die
Kommission den Dorfbewohnern stellte, lautete: Welche Nationalität habt ihr? Die Antwort war ein unver-
ständliches Brummen. Dann wurde erneut gefragt: Was
seid ihr – Ungarn, Polen, Tschechen, Slowaken, Ukrainer? Die Dorfbewohner antworteten einfach: »Wir sind
von hier.« Die Folgerung, die Professor Deutsch aus
dieser Geschichte zog, lautet: »Noch 1918 hatte also der
Begriff, zu einer Nation zu gehören, für die Bewohner
dieses Dorfes keine Bedeutung.« Und *meine* Folgerung

lautet: Es empfiehlt sich, immer dann besonders vorsichtig zu sein, wenn einer behauptet, ein bestimmtes Gefühl, ein bestimmter Gedanke, ein bestimmtes Konzept sei ganz »natürlich«. Im allgemeinen stecken historische Unkenntnis und Phantasielosigkeit dahinter, zuweilen aber auch eine bewußte Täuschungsabsicht.

Jedenfalls sind die Denkfiguren, die ich am Beispiel der baltischen Frage herauspräpariert habe, erst rund zweihundert Jahre alt; und keineswegs in irgendeiner Übereinstimmung mit der »Natur«. Die Katholische Kirche verstand sich als weltumspannende, universelle Einrichtung. Noch 1849 hat eine bischöfliche Synode in Wien den Nationalismus mit der Begründung verworfen, daß die Verschiedenheit der Sprachen ihre Ursache in der Auflehnung der Menschen gegen Gott habe und Gottes Zorn beweise. Und die Aufklärung war auf eine möglichst problemlose Verständigung der Menschen miteinander aus; auf nichts sonst.

Wenn Friedrich der Große für Oberschlesien verfügt hatte, daß junge Männer nicht heiraten durften, bevor sie ausreichend Deutsch konnten, so war das bei ihm, der mehr Französisch als Deutsch sprach und schrieb, keine Spur von Nationalismus, sondern der pragmatische Versuch, die Leute beweglich und einsatzfähig zu machen und seine Wirtschaft voranzubringen. Die gleichen Motive bei Joseph II., der den Versuch machte, Deutsch als Amtsprache in seinem Habsburgischen Vielvölkerreich durchzusetzen. Was es immer gegeben hat, waren Familien, Sippen, Stämme; und immer wieder war es auch geglückt, verschiedene Stämme zu größeren Gesellschaften, »Völkern«, zusammenzuschmelzen. Daß die Sprachtrennung, die kulturelle Viel-

falt, die Besonderheit einzelner Völker ein *Wert* sei,
mußte regelrecht »entdeckt« werden. Die Entdecker
heißen Jean-Jacques Rousseau und Johann Gottfried
Herder.

Bitte bedenken Sie, daß Völker und Territorien damals hin- und hergeschoben wurden wie Spielsteine auf
einem Mühle-Brett. Ein deutscher Prinz bei den Südslawen oder den Griechen war etwas genauso Normales
wie der mehrfache Besitzwechsel eines ganzen Herzog-
tums in wenigen Jahrzehnten oder gar Jahren. Gegen
diese Willkür setzte Jean-Jacques Rousseau aus Genf in
seinem »Gesellschaftsvertrag« die Lehre von der Souveränität des Volkes, in dessen *volonté generale* die Freiheit
und die Gleichheit aller eins würden. Und gegen »die
wilde Vermischung der Menschen-Gattungen und -Na-
tionen unter einem Scepter« konzipierte Herder in Riga,
dem Genf des Ostens, also einer Stadt im Russischen
Reich, die mit Autonomierechten der deutschen Oberschicht ausgestattet war, seine Idee von der Nation als
Wesensgemeinschaft, als pflanzenartigem Organismus.

Ich will heute von der Geschichte des Nationalismus
in Europa nicht sprechen. Sie ist verwickelt. Rousseaus
Begriff der Volkssouveränität ist eine der Wurzeln der
demokratischen Bewegung; seine Vorstellung von der
unteilbaren Staatshoheit aber zugleich das Modell für
einen seine Minderheiten niederwalzenden Nationalstaat. Herders Interesse an der Sprache und Kultur des
eigenen Volkes führte zu einer neuen Aufgeschlossenheit gegenüber anderen Völkern und deren Kultur, besonders gegenüber den kleinen slawischen Völkern;
aber die romantische Philosophie des »Organismus«
brachte auch die Ablehnung der Vermischung hervor.
Während Rousseaus »Gesellschaftsvertrag« als Willens-

akt gedacht war, bei dem zumindest theoretisch eine Vertragsannullierung möglich blieb, war die Gemeinschaft bei Herder »wesenhaft« vorgegeben; eine Entfernung aus der Nation ausgeschlossen. Wie schrecklich diese Idee später – ohne daß man Herder dafür verantwortlich machen kann – gewütet hat, wissen wir heute.

Unsere Denkfiguren, wollte ich sagen, sind historisch, zeitbedingt, bedürfen der ständigen Überprüfung. Wenn von Nation die Rede ist, vergessen das viele von uns. Sogar Martin Walser, ein aufklärerischer Schriftsteller, ein großer Porträtist der Mittelschichten, die die Bundesrepublik hervorgebracht hat. Von ihm stammt der Satz: »Die Nation ist im Menschenmaß das mächtigste geschichtliche Vorkommen.« Walser irrt, vom »Menschenmaß« keine Rede. In Wahrheit ist die Nation ein doppeldeutiges, vages, leicht mißbrauchbares, zu seiner Zeit allerdings sozialkritisches, ja revolutionäres Konzept. Und mächtig ist es auch; bis heute.

Unsere Frage muß sein, ob wir zulassen dürfen, daß auch am Ende des zwanzigsten Jahrhunderts die europäische Politik von Leuten bestimmt wird, die diese Denkfigur intelligent und skrupellos einsetzen. Eine andere Frage ist, ob wir uns die Realitätstüchtigkeit vieler deutscher Intellektueller aus allen Zeiten zum Vorbild machen sollen, die immer dann, wenn ein »Vorkommen« mächtig ist, finden, daß man sich mit diesem »Vorkommen« arrangieren muß.

Ich kehre, wie Sie bemerken, in die Politik dieser Wochen zurück, zur baltischen Frage. Wir können nicht hinter Rousseau zurückfallen und so tun, als ob die freie Entscheidung einer Gesellschaft, zum Beispiel der litauischen, nichts bedeute. Wir können auch nicht hinter

Herder zurückfallen und so tun, als ob seine Anrufung der schöpferischen Kräfte der Volkssprache und der Volkstraditionen, seine Entdeckung der besonderen Individualisierung der Zivilisation in einer Gemeinschaft, zum Beispiel der litauischen, einfach achselzuckend übergangen werden könnten. Aber wir müssen uns fragen, ob wir weiter mit den alten Denkfiguren herumwirtschaften dürfen, mit denen die öffentlichen Meinungen des Westens, und nicht nur des Westens, das »Recht« des litauischen (und lettischen, estnischen, morgen sicher auch ukrainischen oder georgischen) Volkes auf *staatliche* Selbständigkeit begründen.

Meine Antwort auf diese Frage ist ein entschiedenes Nein. Bevor ich dieses Nein begründe, will ich aber noch einmal sagen, daß ich kein prinzipieller Gegner des Selbständigkeitsstrebens der baltischen Staaten bin. Ich räume ein, daß ich bei jeder Sezession frage, in welch neuem Gebilde sie endet. Ich gebe zu, daß ich als Deutscher ein allzu explosiv-zerklüftetes Osteuropa eher beunruhigend finde. Ich bestreite auch nicht, daß ich hin und wieder Vertreter der baltischen Volksfronten getroffen habe, die ich für völkische Nationalisten halte; und mit denen will ich nichts zu tun haben. Aber ich bin bereit – soweit wir als entfernte Nachbarn gefragt sind –, die baltische Emanzipation zu unterstützen; allerdings nicht die nationalistische Begründung, die im Westen im allgemeinen vorgeführt wird und die an die Griechen- und Polenbegeisterung in einigen westlichen Ländern im neunzehnten Jahrhundert erinnert. Solche Begeisterung hat noch niemandem Glück gebracht, weder denen, die begeistert waren, noch denen, denen die Begeisterung entgegengebracht wurde.

Ich renne jetzt gegen die nationalistischen Denkfiguren an, die sich bei uns in den Köpfen festgesetzt haben wie Zecken auf einem Hund. Drei davon scheinen mir die gefährlichsten zu sein.

Erstens: Das ist zunächst der Sprachnationalismus, also die Fiktion, als ob alle die, welche die gleiche Sprache sprechen, desselben Geistes seien – und die darauf aufbauende machtpolitische Folgerung, daß sie deshalb möglichst alle in einem Staat und auf einem Stück Land zusammenleben müßten.

Wie abwegig diese Fiktion ist, kann man schon auf den ersten Blick an den Deutsch-Schweizern sehen, die seit vielen Jahrhunderten gemeinsam mit einer französischen, italienischen und rätoromanischen Sprachgruppe einen eigenen, erfolgreichen Staat bilden, eine höchst eigenwillige politische Kultur entwickelt haben und nicht im Traum daran denken würden, in einen deutschen Nationalstaat zu streben. Selbst Hitler hat seinen Sprachnationalismus nicht so weit getrieben, daß er auch die Deutsch-Schweizer noch kassiert hätte; aller Vermutung nach freilich nicht aus Einsicht, sondern aus kriegstaktischen Gründen.

Der Sprachnationalismus ist *logisch* ein Fehlschluß, eine falsche Gleichsetzung einer Klasse mit einer Gruppe. Alle Menschen, die eine Sprache sprechen, sind, logisch gesehen, eine Klasse – wie alle Nichtschwimmer oder alle Inhaber von Führerscheinen. Sie müssen, wenn sie in unterschiedlichen Gesellschaften leben, nicht das geringste miteinander zu tun haben. Eine Gesellschaft, ein Volk, ein Stamm, eine Sippe oder eine Familie dagegen ist eine Gruppe; ihre Mitglieder haben, in geringerer oder größerer Distanz, miteinander gelebt, zusammen und gegeneinander gehandelt, waren vergleichbaren Einflüssen ausgesetzt. Der Schluß, die

Klasse aller Deutschsprechenden sei eine Gruppe, also ein »Volk« (den im Falle der Deutschsprechenden auch niemand zieht, jedenfalls niemand auszusprechen wagt), ist Blendwerk, ein Trick, ein Zauberkunststück.

Zur Begründung dieses Tricks sind jeweils große Gedankengebäude entwickelt worden. Man denke an Ceauşescu: eine großartige Abstammungsgeschichte (Latinität, Romanität); der Bezug auf irgendeinen willkürlich gewählten Abschnitt der Geschichte, in der die eigenen »Vorfahren« ein besonders großes, fruchtbares, reiches Stück Land besaßen, die Mystifizierung großer Kämpfe, vor allem großer Siege und so fort. Man nennt solche Gedankengebäude im übrigen gelegentlich »Geschichtsbewußtsein« und wendet viel Sorgfalt daran, aus den Milliarden Begebenheiten der Geschichte diejenigen auszusuchen, die das Selbstbewußtsein stärken und bestimmte Forderungen, die man noch verwirklichen will, untermauern.

Daß die Zauberkunststücke der Sprachnationalisten so oft gelingen, liegt daran, daß das, was die Wissenschaftler die »Einzelsprache« nennen, ein wenig solides Gebilde ist. Den »Bundesrepublikaner«, der als moderner Wirtschaftsbürger vergleichsweise beweglich ist und der das Wort »Mitteleuropa« in den letzten vierzig Jahren nur noch im Wetterbericht gehört hat, mag diese Feststellung erstaunen. Er wird finden, daß es bei allen Unterschieden zwischen den Oberbayern und den Friesen doch gar keine Zweifel darüber geben könne, was deutsch sei und was nicht. Die gleitenden Übergänge zwischen der deutschen und der polnischen Sprache in Oberschlesien, in der Mischsprache »Wasserpolnisch«, hat er natürlich längst verdrängt. Und er fragt sich nicht, warum eigentlich Deutsch und Berner Oberländisch

eine Sprache, Deutsch und Niederländisch aber zwei
Sprachen sein sollen.

Weil also die Vereinheitlichung der Deutschen schon
ziemlich weit gediehen ist, bitte ich Sie, mir einen Moment auf den Balkan zu folgen. Am 2. Dezember 1918
schrieb die sozialistische Zeitschrift *Radničke Novine*
aus Belgrad: »Serben, Kroaten und Slowenen sind ein
Volk, weil sie eine Sprache haben und die gleichen anderen ethnischen Besonderheiten aufweisen. Sie fühlen
sich auch als ein Volk und wünschen die Einheit.« Können Sie sich vorstellen, was Serben, Kroaten und Slowenen heute sagen würden, wenn man ihnen dieses Zitat
vorhielte?

Dies bedeutet: Wer sich auf den Standpunkt stellt,
daß von den Alpen bis zum Schwarzen Meer eine einzige slawische Sprache gesprochen wird, der kann daraus folgern: Es gibt eine südslawische Großgruppe – und
aus der muß auch ein großer südslawischer Staat entstehen. Wer anderer Meinung war, wie zum Beispiel der
Makedonier Krste Misirkov, der versuchte, auf jener
südslawischen Dialektkette das Bulgarische einerseits
und das Serbokroatische andererseits regional möglichst
weit an die Peripherie zu schieben, schuf Platz für eine
makedonische Einzelsprache und schien somit einen
glänzenden Grund zu haben, einen makedonischen
Staat zu fordern. Dieser Staat hat sich nicht durchgesetzt; aber sind wir sicher, daß morgen nicht wieder ein
neuer makedonischer Führer auftritt, der die Argumente von Misirkov aufgreift?

Marx und Engels, die nicht an der sorgsamen Pflege
kleiner slawischer Kulturen interessiert waren, sondern
an der Revolution, haben in der *Neuen Rheinischen Zeitung* 1848 die Südslawen als den »Völkerabfall einer

höchst verworrenen tausendjährigen Entwicklung« bezeichnet, dessen Schicksal es sei, »im revolutionären Weltstrom unterzugehen«. Heute aber gibt es eine serbische, eine kroatische und eine bulgarische Einzelsprache. Wer weiß, wie sich diese Völker, die natürlich keineswegs »Abfall« waren, im machtpolitischen Auf und Nieder der nächsten Jahrzehnte zusammenschließen oder auseinanderdividieren werden?

Warum verschleppe ich Sie auf den Balkan? Weil ich Sie ermuntern möchte, den Sprachnationalisten, die in Europa erneut ihr Unwesen treiben, keinen Glauben zu schenken. Ich zitiere einen Balkanforscher: »Geht es den Soziologen darum«, schreibt er, »ein Volk abzugrenzen, berufen sie sich auf die Sprache, wollen die Linguisten sagen, was eine Sprache sei, so berufen sie sich umgekehrt auf das dazugehörige Volk.« Muß ich weitere Beispiele bringen? Von den Turkvölkern in der Sowjetunion, die sich gegenseitig durchaus verstehen konnten und denen Stalin, weil er schön getrennte »Nationen« in seinem Reich haben wollte, unterschiedliche Alphabete und eine jeweils unterschiedliche Tradition und Volkskultur verordnete? Oder von den Abstimmungstricks? Soll ich davon sprechen, wie die deutschen Nationalisten, die das Elsaß und Lothringen zu Deutschland bringen wollten, das »Sprachprinzip« propagierten – die Elsässer und Lothringer sprechen deutsch, wünschten sich aber, bei Frankreich zu bleiben –, während dieselben Leute gegenüber den Masuren das sogenannte »Gesinnungsprinzip« propagierten? Dort lebten nämlich Menschen, die polnisch sprachen, sich aber zum »deutschen Volkstum« bekannten.

Diese Tradition führen einige unserer Vertriebenenverbände weiter, wenn sie jetzt für bestimmte Bezirke in

Oberschlesien Abstimmungen fordern. Sie wissen genau, daß viele der Menschen, die dort leben, ganz unabhängig von ihrer »Abstammung« gerne aus dem ärmeren Polen in das reichere Deutschland wechseln würden. Wäre es umgekehrt, dann würden diese Verbände natürlich keine Abstimmung fordern, sondern mit historisierenden Argumenten zu beweisen suchen, was bewiesen werden muß: »Schlesien ist unser«.

Wir müssen erkennen: Der Globus läßt sich nicht nach Sprachgrenzen in verschiedene Völker, gar in verschiedene Staaten aufteilen. Die Zuspitzung der kulturellen Individualität – die schützenswert ist – zum Sprachnationalismus hat in Europa in den letzten zweihundert Jahren immer wieder ganze Landstriche in große Konzentrationslager verwandelt. Wir müssen dafür sorgen, daß das jetzt, nach dem Zerfall der großen ideologischen Blöcke, nicht alles wieder von vorne anfängt.

Zweitens: Die zweite nationalistische Denkfigur, von der wir uns lösen müssen, ist die Mystifizierung der Ortsansässigkeit. Ich will es genauer fassen: Ich meine die Idee, als ob es eine Art systematischen Zusammenhangs gebe zwischen einem Volk und einem Territorium, eine unlösbare, sozusagen heilige Bindung. Die tollste Formulierung dieses Hirngespinsts stammt von dem großen italienischen Einiger Mazzini, der 1866 alle Voralpen südlich des Brenner-Passes und alle Gewässer, die sich in den Golf von Venedig ergießen, verlangte, und zwar mit dem grandiosen Satz: »Natur, Wachstum und Sitte dieser Gebiete reden im Gegensatz zum Inn die Sprache Italiens.« Solche Ideen haben in Europa zu endlosen, blutigen und fruchtlosen Auseinandersetzungen über die Frage geführt, wer zuerst auf einem Stück

Land gesessen habe; wer sich auf diesem Gelände – das man später Deutschland oder Polen, Serbien, Mazedonien oder Bulgarien genannt hat – die meisten Verdienste erworben hat. Es ist der Streit: Wer ist ureingesessen, autochthon? Dieser Streit ist selten eindeutig zu entscheiden und führt häufig zu Mord und Totschlag.

Dabei will ich klarstellen: Ich spreche nicht gegen das Heimatrecht von Menschen. Die Vertreibung einer Volksgruppe, die Jahrzehnte oder Jahrhunderte auf einem bestimmten Stück Land gelebt hat, ist eine Verletzung von Menschenrecht. Deswegen sollte sich die deutsche Linke hüten, den Begriff »Heimatrecht« abschätzig zu behandeln, nur weil ihn die Vertriebenenverbände zu ihrem Schlachtruf gemacht haben. Inzwischen ist das Heimatrecht über ein Zuatzprotokoll von 1963 in der Europäischen Menschenrechtskonvention verankert; und das ist gut so.

Aber wenn wir uns in der Zukunft – und nur um die Zukunft drehen sich diese Reden – vernünftig verhalten wollen, dürfen wir nicht so tun, als gehöre ein Volk ein für allemal zu einem ganz bestimmten Territorium. Eine Gesellschaft, ein Volk, das ist ein typischer Zusammenhang von Handlungsabläufen. Räumliches Nebeneinander ist nur eine von mehreren Dimensionen. Religiöse Kultbeziehungen, Herkunft, Machtkonstellationen, Arbeitsteilung sind andere. Ein Volk kann wandern, es kann auf mehrere Staaten aufgeteilt werden, es kann seine Sprache wechseln, es kann seine Religion wechseln – und trotzdem ein Volk, also ein Zusammenhang, eine Gruppe bleiben.

Sind die Juden kein Volk mehr, weil sie in alle Winde zerstreut wurden, weil viele dem alten Glauben abschworen, weil sie in zahlreichen Sprachen sprechen?

Oder sind sie erst wieder ein Volk, seitdem sie über ein Stück Landes verfügen, über den Staat Israel? Wäre die Lage vielleicht anders, wenn man den jüdischen Staat nicht in Palästina, sondern an einer anderen Stelle der Weltkugel eingerichtet hätte? Sind die Palästinenser kein Volk, weil sie derzeit noch über kein unbestrittenes eigenes Territorium verfügen? Und was wäre mit den Mennoniten in Manitoba? Deren Vorfahren waren Wiedertäufer aus verschiedenen Teilen Süddeutschlands, die in den Niederlanden Zuflucht vor Verfolgung gefunden und sich dort unter Führung des Reformators Menno Simons zu besonderen religiösen Gemeinschaften zusammengeschlossen hatten. Sie wanderten zuerst in die Gegend um Danzig; dort hielt man sie für Holländer mennonitischen Glaubens. Zweihundert Jahre später wanderten sie in die Ukraine, da sprachen sie bereits westpreußisches Platt und hatten die niederländische Reichsbibel durch die Lutherbibel ersetzt. Man betrachtete sie jetzt als deutsche Kolonisten. Schließlich wanderten sie in zwei großen Wellen nach Kanada aus; die erste Welle, deren Nachfahren heute »Kanädier« heißen, im späten neunzehnten Jahrhundert, die zweite (die »Rußländer«) nach der Russischen Revolution. Und immer noch sind die Mennoniten, sowohl sie inzwischen religiös zersplittert sind, ein Volk oder eine Volksgruppe, von den anderen Kanadiern deutlich unterscheidbar. Was bleibt also von der geheimnisvollen Beziehung zwischen Blut und Boden?

Von Blut und Boden redet heute keiner mehr in Deutschland. Man kann aber trotzdem nicht über das Thema schweigen. So hat der Publizist und Literaturkritiker Karl Heinz Bohrer die Anerkennung der Oder/Neiße-Grenze folgendermaßen begründet: Durch den

Verlust zweier »für die deutsche Identität zweifellos zentral wichtiger Provinzen« (Ostpreußen und Schlesien) sei »eine Schuld de facto beglichen«. Das ist die falsche, alte Denkfigur. Millionenfacher Mord läßt sich durch die Abtretung zweier Provinzen nicht sühnen. Und für die Zukunft trägt die einfache Überlegung, daß man die in Ostpreußen und Schlesien ansässig gewordenen Polen nicht wieder vertreiben dürfe, weiter als jede Metaphysik von Schuld und Sühne. Es kommt nicht nur auf das Ergebnis einer Überlegung an; hier auf die vernünftige Schlußfolgerung, daß die Deutschen nicht wieder anfangen dürfen, über die Grenze zu Polen zu streiten. Es kommt auch darauf an, auf welchem Weg man zu der vernünftigen Schlußfolgerung gelangt ist. Wer die alten Denkfiguren benutzt, könnte morgen schon wieder zu den falschen Schlußfolgerungen kommen.

Drittens: Es bleibt ein weiterer, geradezu klassischer nationalistischer Denkfehler, der uns im nächsten Jahrzehnt viel zu schaffen machen könnte. Ich spreche von einer bestimmten Interpretation des Selbstbestimmungsrechts der Völker, nämlich von der Idee, daß dieses Selbstbestimmungsrecht auch in jedem Fall das Recht auf politische Selbständigkeit bedeutet. Manche baltische Nationalisten argumentieren so; und die geistigen Anführer des Westens laufen in großen Marschkolonnen hinter ihnen her.

Aber welche Konsequenzen hat diese Denkfigur für das Europa des nächsten Jahrzehnts? Vielleicht können wir ja hoffen, daß die Wenden, die sich seit dem Zweiten Weltkrieg Sorben nennen, keinen eigenen Staat verlangen; dieses Volk ist sehr zusammengeschmolzen. Auch die Waliser in England scheinen befriedet, ebenso die Friesen, die sehr zerstreut von Zeeland, Zuid- und

Noord-Holland, Friesland, Groningen über Niedersachsen und Schleswig-Holstein bis Jütland leben. Sie entwickeln seit vielen Jahrzehnten keinen Drang mehr zu staatlicher Selbständigkeit. Aber was tun wir, wenn sich die Slowaken ernsthaft von der Tschechoslowakei lösen wollen? Wie verhalten wir uns gegenüber den Kurden, verteilt auf vier unterschiedliche Staaten? Die Kurdische Arbeiterpartei kämpft mit terroristischen Mitteln; die türkischen Sicherheitskräfte antworten mit blinder Gewalt. Und wie wird Europa auf den Zerfall Jugoslawiens reagieren? Oder auf die Sezession der Franko-Kanadier vom kanadischen Staat? Wollen wir den Weg von Marx und Engels gehen und einzelne dieser Völker als »Völkerabfall« abwerten, weil uns ihre Sezession nicht ins Konzept paßt, während wir eine andere Sezession als Befreiung feiern, weil sie uns machtpolitisch zupaß kommt?

Vielleicht ist es ganz originell, diese Fragen durch einen berühmten Nationalisten, allerdings einen, dessen Nationalismus durch ein gemäßigtes Temperament und eine humanistische Bildung gemildert war, beantworten zu lassen. Ich spreche von Tomáš G. Masaryk, dem ersten Präsidenten der Ersten Tschechoslowakischen Republik, der vor dem Problem stand, daß »seine Deutschen«, die deutsche Minderheit in Böhmen, die Sezession verlangte, die Abtretung der vorwiegend deutschen Gebiete Böhmens an Deutschland. Auf dieses Verlangen antwortete Masaryk: »Die Selbständigkeit des Ganzen und der Teile wird nicht allein durch das eigene Recht bestimmt, sondern auch durch das Recht der anderen, und über die Selbständigkeit entscheiden stets und überall nicht allein nationale und sprachliche Rücksichten, sondern auch wirtschaftliche. Die Frage ist eine

Frage des Rechtes nicht nur der Deutschen, sondern auch unseres Rechtes, der Tschechen, und eine Frage der beiderseitigen Vorteile, namentlich der wirtschaftlichen.« Und seine Schlußfolgerung aus all diesen Erwägungen lautete: »Die Bezeichnung Selbstbestimmungsrecht bezeichnet nicht ohne weiteres das Recht politischer Selbständigkeit.« Ob sich die Nationalisten von heute durch einen großen Nationalisten von gestern überzeugen lassen?

Glauben Sie mir bitte, daß ich hier nicht über die Vergangenheit rede; auch nicht über ein paar kleine Völkersplitter in abgelegenen Gegenden, um die wir, die angeblich oder tatsächlich »großen Nationen«, uns nicht zu kümmern bräuchten. Ich rede über die Zukunft Europas; damit über unsere Gegenwart, unsere Zukunft. Alte Volkssprachen können wiederbelebt werden; das Tschechische war im achtzehnten Jahrhundert nahezu verschwunden; und was für einen Aufschwung hat es in der zweiten Hälfte des neunzehnten Jahrhunderts genommen! Die Einwanderer, die im vorigen Jahrhundert aus Sizilien, Neapel, der Romagna, der Lombardei oder der Toskana nach Amerika kamen, hatten miteinander nichts, aber auch gar nichts zu tun. Ihre Herkunftsländer waren noch nicht oder noch nicht lange in einem einzigen Staat vereinigt gewesen. Aber die Amerikaner betrachteten sie alle gemeinsam als »Italiener«; und diese *von außen* herangetragene ethnische Klassifizierung machte sie plötzlich zu einer Volksgruppe mit engem Zusammenhang bis heute.

Glauben Sie mir, die Zeit der nationalen Wiedergeburt, des *risorgimento,* muß nicht vorbei sein. Wir können es, wenn wir schlecht sind, dahin bringen, daß ein Teil der Greuel, die wir Europäer zwischen 1807 und

1945 sorgfältig inszeniert haben, zwischen der französischen Besetzung Preußens, zwischen Fichtes »Reden an die deutsche Nation« und dem Zusammenbruch des Hitler-Reichs, daß ein Teil dieser Greuel wiederkehrt. Selbst wenn der neue Nationalismus sich zum alten nur so verhielte wie das Satyrspiel zur Tragödie, wäre das schlimm genug.

Ich schließe, wie könnte es anders sein, mit einer Geschichte aus Deutschland. Sie beginnt in Preußen. Das war ein sehr erfolgreicher Staat, aber kein Nationalstaat. Im oberschlesischen Industriegebiet lebten Polen und Deutsche auf engstem Raum zusammen; für den Hausgebrauch in den Gruben entwickelten sie sogar eine Mischsprache. Und die preußischen Polen hatten keinerlei Sehnsucht nach den Sprachgenossen von jenseits der Grenze. Als die Grubenverwaltungen aus Russisch- oder Österreichisch-Polen Arbeitskräfte importierten, um die Löhne zu drücken, gab es schärfste Proteste der polnisch sprechenden preußischen Bergleute.

Das drehte sich radikal nach 1871. Jetzt kam die deutsche Nationalideologie. Zu Preußen konnten sich die polnisch sprechenden Bergleute Oberschlesiens bekennen, zu »Deutschland« nicht. Plötzlich bemerkten die Polen, daß sie Polen waren, und begannen nach Polen zu streben. Das Ende der Geschichte ist bekannt. Es ist genau die Geschichte, die wir nie wieder erleben wollen.

DRITTE REDE

Die Herstellung der
Deutschheit

Nationalstaaten sind, so habe ich verständlich zu machen versucht, in aller Regel nicht etwas Natürliches,
sondern etwas Gemachtes. Um dem ein wenig faden
Nachgeschmack einer romantischen Sprache entgegen-
zuwirken, benutze ich am liebsten einen Begriff der In-
dustriegesellschaft: den der Produktion. Nationalstaaten
wachsen nicht auf irgendeine geheimnisvolle, ewigen
Naturgesetzen folgende Weise; sie werden produziert.
Und wer bei der Produktion nicht planmäßig genug vor-
geht, der scheitert. Wobei der erste Schritt zur Produktion von Nationalstaaten der der Produktion eines
Nationalgeistes ist, eines nationalen Bewußtseins.

Dem tschechischen Historiker František Palacký
gelang es, eine verfallende Sprache, die nur noch auf
dem Land und in kleinen Städten als Haussprache benutzt wurde, wieder aufzurichten und die Geschichte
der tschechischen Reformation von Hus bis hin zu den
Böhmischen Brüdern so eindrucksvoll zu erzählen,
daß eine »tschechische Idee« entstand. Dem kaschubischen Arzt Florian Cejnowa, der das Gleiche in derselben Zeit, um die Mitte des neunzehnten Jahrhunderts, für das kaschubische Volk versuchte, mißriet das
Unternehmen. Zwar hatte er große Erfolge bei der
Standardisierung der kaschubischen Sprache; seine politischen Fähigkeiten scheinen dagegen begrenzt gewesen
zu sein – er griff den polnischen Adel und die Geistlich-

keit gleichzeitig an und schuf sich auf diese Weise zu viele Feinde.

So sind die Tschechen heute ein Volk, das in einem kleinen Vielvölkerstaat eine führende Rolle spielt, die Kaschuben dagegen nur eine Erinnerung. Die meisten von ihnen sind polonisiert oder germanisiert; was übrigblieb, ist das, was die Fachleute in ihrer bewundernswerten Definitionskraft eine »vermundartlichte Abstandssprache« nennen, die noch von ein paar Tausend Leuten irgendwo in den Regionen Hinterpommern oder Pommerellen gesprochen wird. Es gab genauso »Jungkaschuben« wie es Jungtschechen gab. Aber während das Andenken der Jungtschechen Edvard und Julius Grégr irgend jemand pflegen wird – Václav Havel wird schon dafür sorgen –, ist der Jungkaschube Aleksander Majkowski ein für allemal vergessen, ein Name, der gelegentlich in einer historischen oder sprachwissenschaftlichen Fachzeitschrift auftaucht.

Angesichts solcher Erfolge und Mißerfolge lautet meine Frage: Wie werden Nationalstaaten gemacht? Wie sehen die Bedingungen dafür aus, daß der eine ein Nationalheld wird und der andere ein Sonderling?

Aber man könne den Gang der Geschichte doch nicht mit dem schnöden Tätigkeitswort »machen« erfassen wollen, wird die Fraktion der Romantiker verächtlich und wegwerfend dazwischenrufen. Diese Fraktion ist in den letzten Monaten, seit der mitteleuropäischen Revolution von 1989, in Deutschland wieder kräftig angewachsen. Der Mantel der Geschichte rauscht gewaltig, Kritik und Gegenvorschläge in »historischen Situationen« werden unbeliebt, und nur die *Bild*-Zeitung leistete sich, gespeist von einem gelegentlich durchbrechenden, unwillkürlichen Kleine-Leute-Rationalismus, einen vielbeachteten Ausrutscher: Sie kommentierte am 9. Februar 1990 eine Reise Helmut Kohls zu Michail Gorbatschow mit der Überschrift »Betet! Morgen machen sie Deutschland«. Es ist, ich weiß, gewiß nicht leicht, sich im Schwung des erneut in Mode gekommenen *grand opera approach* nüchtern und skeptisch zu halten. Zur Festigung Ihrer Nüchternheit erzähle ich Ihnen deshalb noch drei Geschichten vom Machen von Nationalstaaten. Sie stammen von dem großen Historiker Eric Hobsbawm, der – aus österreich-ungarischer Tradition stammend, in Alexandrien geboren, heute in England lehrend – genügend in seiner Biographie wurzelnde Gründe hat, bei Nationalitätenfragen leidenschaftslos zu bleiben.

Die erste Geschichte handelt von einer Prozentzahl. Im Jahr 1860 sprachen im neugeschaffenen italienischen Nationalstaat zweieinhalb Prozent der Bevölkerung die italienische Hochsprache zu Hause. Wer überhaupt Italienisch konnte, benutzte die Sprache als *lingua franca,* um sich mit seinen »Landsleuten« aus anderen Regionen zu verständigen. Natürlich gab es auch soziale Schichten, die Italienisch als Literatursprache nutzten. Aber es war nicht so, daß viele Millionen italienisch sprechender Menschen endlich einen gemeinsamen Nationalstaat wollten.

Umgekehrt wird ein Schuh daraus: Die Macher des Nationalstaats wollten die Halbinsel politisch einigen und erreichten schließlich, daß heute von der Südspitze Siziliens bis ins Trentino, ja bis zum Brenner Italienisch gesprochen wird. Nicht die Sprache war die Voraussetzung des Nationalstaats – der Nationalstaat war die Voraussetzung für die Bildung einer einheitlichen Sprache.

Die zweite Geschichte hat mit einem der großen Macher des italienischen Nationalstaats zu tun, mit Giuseppe Mazzini. Dessen Bild von Europa sah – wieder um die Mitte des 19. Jahrhunderts – so aus: Er wollte eine vereinigte Iberische Halbinsel, die Spanien und Portugal miteinander verbinden sollte; ein vereinigtes Skandinavien, in dem Norwegen, Schweden und Dänemark zusammengehören sollten, ein vereinigtes Königreich von England, Schottland und Irland, eine Alpen-Konföderation, zu der sich die Schweiz, Savoyen, Nordtirol und Slowenien zusammenschließen sollten, eine Balkan-Föderation unter griechischer Führung mit Albanien, Mazedonien, Bosnien, Serbien und Bulgarien, eine Donau-Föderation zwischen Ungarn, Rumänien, der Herzegowina und Böhmen, ein Deutschland, das Holland und Flandern einbeziehen würde, ein Frankreich einschließlich des wallonischen Belgiens und schließlich ein Rußland und ein Polen, die sich »den Rest« geteilt hätten.

Man kann davon ausgehen, daß der Nationalist mit diesen Plänen mit ziemlich vielen anderen Nationalisten in bitteren Streit geraten wäre. Aber ich will ihn verteidigen: Wenn man etwas zustande bringen will, muß man sich zuerst einmal einen Plan machen. Man muß allerdings auch wissen, daß es zu Mord und Totschlag führen kann, wenn man Pläne allzu rigoros durchzieht. Übrigens: das ist ja das ökonomisch Segensreiche, aber politisch so Schreckliche an uns Deutschen: daß wir von einmal gefaßten Plänen nur schwer wieder abweichen können.

Die dritte Geschichte handelt von einem deutsch-baltischen Adeligen aus Kurland und spielt im Jahre 1914. Der Baron lehrte an einer deutschen Universität und war sehr stolz auf sein Deutschtum. Als aber der Krieg ausbrach, kaufte er sich auf der Stelle eine Fahrkarte und begab sich nach Hause. Er war nämlich Reserveoffizier in der russischen Kavallerie, und es war für ihn selbstverständlich, daß die Loyalität zu seiner deutschen »Verwandtschaft« weniger bedeutete als die Loyalität zu dem übervölkischen (Russischen) Reich, dem er sich zugehörig fühlte. Der deutsch-baltische Adel kämpfte rigoros gegen jede Russifizierung; aber genauso rigoros gegen den Anspruch: *cuius regio eius natio.* Er war nicht so primitiv und so nationalistisch wie die englische Regierung des Jahres 1940, die alle Deutschen, die auf der Insel lebten, internierte – einschließlich der geflüchteten Juden und der geflüchteten Sozialdemokraten oder Kommunisten.

Man kann aber natürlich auch umgekehrt formulieren: Der Baron war ein verzopfter, an seinen Privilegien in Russisch-Litauen hängender feiner Pinkel, der die nationale Idee schlicht noch nicht begriffen hatte. Man mußte sie ihm beibringen – was den nationalen Herolden aus dem aufstrebenden Kleinbürgertum dann ja auch bis auf wenige Ausnahmen gelungen ist.

Wie wird also das Nationalgefühl, das notwendig ist, damit ein Nationalstaat entstehen kann, gemacht? Es ist bezeichnend, daß sich um diese Frage exakt, also sozialstatistisch, kaum jemand gekümmert hat. Eine einzige Studie wird landauf und landab immer wieder zitiert, die des tschechischen Historikers Miroslav Hroch über die »Vorkämpfer der nationalen Bewegung bei den kleinen Völkern Europas«. Dieser mit seltenen Sprachkenntnissen begabte Mann hat in mühevoller, jahrzehntelanger Arbeit die »Nationwerdung« der Tschechen, der Litauer, der Esten, der Finnen, der Norweger, der Flamen

und der Slowaken untersucht; und er durfte, im Prager
Frühling von 1968, sogar einen Teil seiner Arbeit pu-
blizieren. Seine Ergebnisse: Die Erzeugung jener Gedanken und Gefühle, die wir je nachdem Nationalgeist,
Patriotismus oder Nationalismus nennen, verläuft in
drei Phasen: einer ersten, in der eine Gruppe von Intellektuellen mit Interesse und Hingabe Sprache, Kultur
und Geschichte des Volkes studieren, in der sie aber
noch ohne weitergehenden Einfluß auf die Gesellschaft
bleiben; einer zweiten Entwicklungsstufe, der des »nationalen Erwachens«, in der eine »rege patriotische Agitation« festzustellen ist und der Einfluß auf breite Volksschichten beginnt; und einer dritten, während der die
nationale Bewegung eine Angelegenheit breitester
Schichten wird.

Die Erzeuger jener zivilen Religion sind in aller Regel
Aufsteiger aus dem unteren Mittelstand, und zwar weder aus den Bauerndörfern noch aus den Industriezen-
tren, sondern aus jenen Zwischenzonen, in denen sich
die alte Gesellschaft und der Industrialismus berührten.
Natürlich waren die Verhältnisse in den stark bäuerlich
geprägten Ländern Litauen und Estland anders als in
Böhmen oder Norwegen. Aber es bleiben Gemeinsamkeiten: Gymnasien, Gewerbeschulen, Museen, Gesang-
vereine, Zirkel um bestimmte Zeitschriften als Agita-
tionszentren, Geistliche, Lehrer, Studenten, in geringe-
rem Ausmaß auch Handwerker und kleine Kaufleute als
treibende Kräfte. Das heißt: Die Vorkämpfer kamen
aus dem Milieu der höchsten jener sozialen Gruppen,
die noch im kleinen Volk vertreten war, und zwar aus
den kommunikativen Berufen. Die von den Marxisten
beschworene Kleinbourgeoisie wurde in der Masse erst
in der dritten Phase erfaßt. Dann aber war sie der Trä-

ger der nationalen Bewegung, die eigentliche Basis der neuen zivilen Religion.

Sie werden sich fragen, warum ich Ihnen in einer politischen Rede die Ergebnisse einer abseitigen Habilitationsschrift, veröffentlicht in den »Acta Universitatis Carolinae«, vortrage. Die Antwort ist simpel: Weil ich finde, daß wir Deutschen die Geschichte unseres Volkes (oder unserer Völker) nicht verstehen können, ohne das Schicksal der anderen europäischen Völker zu kennen. Und weil die großen Völker (die natürlich häufig die unterdrückenden Völker waren) keine gute Zukunft haben werden, wenn sie die Kämpfe der kleinen, der häufig unterdrückten Völker verdrängen und vergessen.

Wir Deutschen haben jetzt wieder einen National-staat. Ich könnte fragen: Bekommen wir auch einen alten oder neuen Nationalismus? Aber ich unterdrücke dieses Reizwort für den Augenblick und frage behutsam und jede Provokation vermeidend: Was für einen auf das neu entstehende, größere Deutschland bezogenen »Nationalgeist« oder »Patriotismus« werden wir denn bekommen? Noch fällt das Bewußtsein der Deutschen in der alten Bundesrepublik und in der einstigen DDR ja auseinander. Zwar wollte die erdrückende Mehrheit der Deutschen in West und Ost mit unterschiedlicher Intensität und in vielen Abstufungen, wohl aber in der gleichen Willensrichtung, »die Einheit«. Aber was will sie noch? Homogene Deutschheit oder multikulturelle Toleranz? Ein verflochtenes Europa der Regionen oder einen lockeren Bund europäischer Nationalstaaten? Politische Einheit bei kultureller Vielfalt oder Souveränität und Selbstbestimmung in der seit Rousseau klassisch gewordenen Ausprägung? Ein Geschichtsbild mit Auschwitz als Wendepunkt oder die Rückeroberung von Normalität, Nationalstolz und symbolfähiger Imagination?

Keiner von uns, wie lauter seine Absichten auch sein mögen, kann sagen, wohin sich die kollektive Identität des neu entstehenden Deutschland wenden wird. Säuerlicher, selbstanklägerischer Pessimismus wäre genauso steril wie breitlebiger, von demokratischem Selbstbewußtsein strotzender Optimismus. Es geht um die Frage: Auf welche Traditionen wird sich das neu entstehende Deutschland gründen? Deswegen rede ich von unserer Zukunft, wenn ich jetzt über unsere Vergangenheit rede. Denn das neue Land, das jetzt entsteht, wird von Menschen gemacht werden, deren Gedächtnis untilgbar geprägt ist. Es wird darauf ankommen, woran sich diese Deutschen in ihrer Mehrheit erinnern wollen. An alles kann man sich niemals erinnern. Wer einen neuen Patriotismus machen will, sollte wissen, wie der alte deutsche Patriotismus gemacht worden ist.

Die durchschnittliche Kenntnis, die davon in deutschen Köpfen existiert, lautet: Der deutsche Nationalismus stamme von Herder und Fichte und sei durchaus dem alten römischen Gott Janus vergleichbar, dessen Bild auf den Toren stand und der mit dem einen Gesicht vorwärts und mit dem anderen rückwärts blickte. Der Nationalismus sei einerseits eine Emanzipationsbewegung gegen Absolutismus, Rationalismus und Idealismus, andererseits ein Appell an die Macht des Blutes und der Erblichkeit. In jedem Fall aber sei er eine Kultur, die die Massen erfaßt habe, eine Macht. Also, so lautet die Forderung eines großen Teils der politischen Linken, dürfe man ihn nicht einfach der politischen Rechten überlassen.

Diese banale Zusammenfassung einer komplizierten

ideologie- und machtgeschichtlichen Entwicklung ist so halbrichtig wie die Sprichwörter der Hausmädchen unserer Großmütter. Und sie ist, wie so manches moderne Waffensystem, mehrfach nutzbar. Man nennt das *dual use*. Solche Formeln können für eine volksnahe, populäre, sozusagen linkspopulistische Politik, eine Politik in der Tradition des italienischen Revolutionärs Antonio Gramsci, benutzt werden, also für die Ausbildung eines an den Gefühlen der Massen anknüpfenden Patriotismus als ethische und kulturbildende Kraft; aber auch für den gängigen, sozialpatriotisch gestimmten Opportunismus von Leuten, die es nicht aushalten, eine gewisse Zeit von den Gefühlen ihres Volkes getrennt zu werden.

Zuerst einmal: Herder und Fichte! Diese beiden trennen Welten. Auch in Deutschland haben sich Patriotismus und Nationalismus als psychische Befindlichkeit, als Folie der Selbstinterpretation für die »staatstragenden« Schichten in drei Phasen entwickelt. Die erste, die sogenannte Deutsche Bewegung, ein großer Aufbruch in der jüngeren deutschen Intelligenz, beginnt nach dem Siebenjährigen Krieg (1756–1763), hat ihren Höhepunkt um 1770 und schwächt sich in der zweiten Hälfte der siebziger Jahre des achtzehnten Jahrhunderts deutlich ab. In dieser Phase war der 1744 geborene Johann Gottfried Herder der bedeutendste Kopf.

Die zweite Phase, das eigentliche nationale Erwachen, wurde von den Feldzügen Napoleons ausgelöst, und zwar in Preußen. Da wirkt der Schock der preußischen Niederlage bei Jena und Auerstedt. Es sind die Jahre zwischen 1807 und 1813. Das intellektuelle Programm dieser Phase hat Fichte formuliert, der »königlich-preußische ordentliche Professor der Spekulation«, am prägnantesten in seinen »Reden an die deutsche Nation« von 1807. Aber der Philosoph, gefangen in seinem idealistischen Gedankengebäude, das die Menschen vom Banne der Sinnlichkeit lösen und zur höheren Welt der Freiheit heben sollte, schuf nicht den Kontakt zu den Multiplikatoren, zur niederen Intelligenz, zu den handwerksmäßigen Kleinproduzenten, zu den Lehrern und Studenten. Das betrieben die Umsetzer, die Herolde, die Agitatoren.

Die beiden wichtigsten Figuren, mit Fichte auch persönlich verbunden, waren Ernst Moritz Arndt und Friedrich Ludwig Jahn. Das sind die Schöpfer des modernen deutschen Nationalismus: Fichte, Jahrgang 1762, der Sohn eines Bandwebers aus dem Dorf Rammenau bei Bischofswerda, Arndt, 1769 geboren, Sohn eines Gutsverwalters in Schoritz auf Rügen, und Jahn, der Pastorssohn aus Lanz bei Lenzen in der Westprignitz, der jüngste von den dreien, geboren 1778.

Fichte legte die Fundamente, die es möglich machten, daß die Philosophie der Deutschheit im Verlaufe des neunzehnten Jahrhunderts kulturelle Hegemonie erringen konnte. Er erreichte mit seinen Vorlesungen im Runden Saal der Akademie Unter den Linden die höchsten Kreise Preußens; die erste Rede wurde dem Freiherrn vom Stein, der am 5. Oktober 1807 an die Spitze der Staatsverwaltung berufen worden war, handschriftlich überreicht. Arndt leistete genialisch die Arbeit der Zuspitzung; er prägte die Formeln, die ein Jahrhundert lang die große Mehrheit des deutschen Volkes in Bewegung setzten: »Der Rhein Deutschlands Strom, nicht Deutschlands Grenze«, »Das ganze Deutschland muß es sein«, »Laßt wehen, was nur wehen kann. Standarten wehen und Fahnen«. »Arndt ist eine Macht

geworden«, hat 1940 der nationalsozialistische Historiker Ernst Anrich gesagt; weiß Gott! Und Jahn hat die
Organisationen geschaffen, die den Nationalismus verbreiteten, zuerst einen kleinen, aber einflußreichen
Orden, den »Deutschen Bund«, später das Lützowsche
Freikorps, für das er als blendender Werber und Batail-
lonskommandant tätig war, schließlich aber vor allem
die Burschenschaften und die Turnvereine – die Burschenschaften für die Akademiker, die Turnvereine für
das »Volk« in allen seinen Schichten.

Die Herolde der dritten Phase der nationalen Bewegung, die man 1866, mit dem Krieg Preußens gegen
Österreich, beginnen lassen kann, die 1871, mit Bismarcks Reichsgründung, ihren größten Erfolg hatte und
sich dann mächtig ausbreitete, also Leute wie der Historiker Heinrich von Treitschke, der »Rembrandt-Deut-
sche« Julius Langbehn und der Prophet des nationalen
deutschen Wiederaufstiegs Paul de Lagarde, konnten
die Formeln und das Organisationsgeflecht von Fichte,
Arndt und Jahn, eines *Trio infernale* der deutschen Gei-
stesgeschichte, ohne viele Korrekturen übernehmen.
Ein bißchen mehr kleindeutsche, preußisch-deutsche
Realpolitik, ein Schuß Imperialismus und Kolonialpoli-
tik, ein etwas volksnäherer Antisemitismus (der nicht
bei Fichte, wohl aber bei Arndt und Jahn längst angelegt
war) – und fertig war die Laube.

Ich sehe, daß Sie noch alle ruhig auf Ihren Stühlen
sitzen. Das beruhigt mich. Aber ich bilde mir ein, einigen Gesichtern die Skepsis ansehen zu können. *Trio infernale?* Nun gut, der »Turnvater« Jahn war ein wenig
holzgeschnitzt, derb, aber doch ehrlich. Ernst Moritz
Arndt ist von den Nazis mißbraucht worden; aber er
konnte von Auschwitz und Treblinka ja nichts wissen,

als er »deutschen Bauernsinn« gegen »Juden und Juden-
genossen« setzte. Und gar Fichte – der Philosoph der
kosmopolitischen Wissenschaftslehre! Man muß doch
alles in seine Zeit stellen; man darf den Franzosenhaß
des Jahres 1807 doch nicht mit den Greueln belasten, die
drei deutsch-französische Kriege seitdem hervorgerufen
haben.

Auf diesen beruhigenden Pragmatismus hätte ich
mich bis zum 9. November 1989, bis zum Fall der Mauer
in Berlin, eingelassen. Auch damals wäre er zwar faul
gewesen. Die deutsche Ideologie Fichtes, entwickelt aus
den irrationalen Quellen der menschlichen Vergemein-
schaftung, war keineswegs ein typisches, aus den Ge-
dankenzusammenhängen des frühen neunzehnten Jahrhunderts sich sozusagen selbstverständlich ergebendes
Produkt des Zeitgeistes, sondern eine sehr originäre
Leistung, ein Stück genialer Verstiegenheit. Bernard
Bolzano, Mathematiker und Philosoph in Prag und einer
der großen Volkserzieher seiner Zeit, entwickelte sein
Konzept von einer »böhmischen Nation« mit zwei
Volksstämmen unterschiedlicher Sprache 1810, also drei
Jahre nachdem Fichte seine »Reden an die deutsche Nation« gehalten hatte. Das »In-die-Zeit-Stellen« ent-
schärft den Fichteschen Radikalismus nicht, hebt ihn
eher hervor.

Aber seit der mitteleuropäischen Revolution, seit der
Wiedergeburt des Nationalismus im Osten und Südosten
Europas, seit der spürbaren Renaissance der Idee des
Nationalstaats muß ich immer häufiger an die Wieder-
verwendbarkeit Fichtes, an die Zählebigkeit und ordi-
näre Faszination seiner Konstruktionen denken. Zwi-
schen 1900 und 1920 gab es einen regelrechten Neu-
Fichteanismus, und die »nationalpolitischen Weckrufe

und Wegweisungen« des Dritten Reiches, in denen die
»Reden an die deutsche Nation« (Fichte), »Germanien
und Europa« (Arndt) oder die »Rede des Arminius an
die Deutschen vor der Teutoburger Schlacht« (Jahn)
ausgebeutet wurden, waren in hunderttausenden Exem-
plaren verbreitet. Mag sein, daß das alles vorbei ist; bei
den Balten, den Kroaten, den Polen – und erst recht bei
uns Deutschen, den Nachgeborenen der Hitler-Zeit.
Der blasierte Historismus der deutschen Akademiker ist
mir trotzdem ein Greuel; und das historische Desinter-
esse der deutschen Politik auch.

Deswegen falle ich über Leute her, die Herder und
Fichte in einem Atemzug nennen. Ja, Herder war sozusagen der Entdecker der Nationalität. Wenn wir heute
die Entrechtung eines Volkes oder einer Volksgruppe,
die Zerstörung einer Sprache für ein Verbrechen gegen
die Menschlichkeit halten, dann stehen wir auf den
Schultern dieses spröden Mannes, der uns meistens aus
der Sicht des Großgenies Goethe überliefert wird – als
enger Superintendent. Aber Tatsache ist: Die Sprache
wurde in der Antike, im Mittelalter und auch noch in
der Renaissance gar nicht als solche thematisiert. Damit begann in Italien Vico und in Deutschland eben
Herder. Er begann Volkslieder zu sammeln, und zwar
nicht nur deutsche. Er hat als erster, zum Beispiel in
der berühmten Aufsatzsammlung »Von deutscher Art
und Kunst« das »Volk« als Quelle der Schönheit und
Stärke entdeckt und zu einer Zeit, als viele europäische
Sprachen noch nicht standardisiert, noch nicht »ver-
schriftet« waren, erkannt, daß die Rechte der Nationalität vor allem Rechte der Sprache sind. Damit hat er,
das ist wohl wahr, den Nationalismus des neunzehnten
und zwanzigsten Jahrhunderts erst ermöglicht. Aber er

selbst war von solchem Nationalismus meilenweit entfernt.

Für Herder war *jede* Nationalität ein lebendiger Organismus – und deshalb etwas, das man pflegen sollte. Kein Volk sei »ein von Gott einzig auserwähltes Volk der Erde«, jedes solle »an seiner Stelle, ohne Beeinträchtigung, ohne stolze Zwietracht wirken«. Herder, der in Litauen gelebt hatte, besaß ein tiefes Verständnis für die slawischen Völker; deren nationale Erweckung wäre ohne ihn gar nicht vorstellbar. Und er war völlig frei vom Antisemitismus der Nationalisten der »zweiten Phase«. »Es wird eine Zeit kommen«, hat er gesagt, »da man in Europa nicht mehr fragen wird, wer Jude oder Christ sei, denn auch der Jude wird nach europäischen Gesetzen leben und zum Besten des Staates beitragen.« Vielleicht war das einer der Gründe, warum das national-liberale Bürgertum des wilhelminischen Deutschland für Herder ganz und gar kein Verständnis aufbringen konnte: Seine Kritik am Militarismus im Staat Friedrichs des Großen, seine Verurteilung des Kolonialismus der europäischen Staaten, seine Aufgeschlossenheit für kleinere Völker, nicht zuletzt auch für das Volk Israel, und seine Friedensgesinnung machten ihn ziemlich ungeeignet für einen deutschen Helden in Bismarcks Einheitsstaat.

Auch bei ihm gab es Irrtümer der Zeit: die Rede von der deutschen Tiefe und der französischen Oberflächlichkeit; die Idee, daß die deutsche Sprache den romanischen weit überlegen sei, weil es sich bei diesen um »Mischsprachen« handele. Fichte hat das dann später zu einer ganzen Philosophie ausgebaut: das Deutsche als »Ursprache«, die Deutschen als »Urvolk«. Aber Herder blieb ein Aufklärer, dem die Glückseligkeit des einzelnen Menschen am Herzen lag, nicht das Glück oder die Größe von Staaten und Nationen. Und die Nation, das war für ihn eben das Volk. Nicht das Herrscherhaus, nicht der Adel und die Gebildeten waren die Nation, sondern alle Volksschichten. 1770, also neunzehn Jahre vor der Französischen Revolution und viele Jahrzehnte vor irgendeinem deutschen Revolutionsversuch, war das eine ziemlich provokative Position.

So konnte man im Baltikum 1869 eine Säkularschrift zum Andenken an Johann Gottfried Herder erscheinen lassen, die seine Hinterlassenschaft unter die Antithese »Geist über Blut« stellte. Die Balten benutzten Herder in ihrem Kampf gegen Russifizierung und Germanisierung. Denn wenn die Sprache die »heilige Rune« war, in der Gottes Atem in einem Volke zum Ausdruck kommt, dann war eben auch Germanisierung ein Sakrileg, weil sie die Zerstörung eigentümlichster Bildungskräfte bedeutete.

Kein Wunder, daß das Deutsche Reich ab 1871 mit diesem Herder nichts im Sinne hatte, denn die Politik des Reichs lief ja im Osten wie im Westen auf Germanisierung hinaus. Da paßte der preußische Staatsphilosoph Fichte besser ins Bild. So war die zweite Phase der nationalen Bewegung in Deutschland ohne die erste nicht zu denken. Aber sie war doch ein Bruch, ein Wechsel der Perspektive, eine Wendung der Freiheitsidee ins Völkisch-Antieuropäische.

Jagen Sie mich bitte nicht aus dem Saal, wenn ich Ihnen diese Wendung jetzt immer wieder mit Original-Formulierungen Fichtes belege, aus seinen »Reden an die deutsche Nation« von 1807, aus seinen »Vorlesungen über den Begriff des wahrhaften Krieges« von 1813, aus den Briefen. Glauben Sie mir, ich halte den Versuch,

einen 1814 gestorbenen Philosophen für die nationalistischen Verbrechen des zwanzigsten Jahrhunderts verantwortlich zu machen, für genauso abwegig wie die Idee,
der »Frankfurter Schule« die deutschen Terroristen von
Ulrike Meinhof bis Brigitte Mohnhaupt anzulasten.
Aber ich halte den nationalistischen Diskurs, den der
Fichte des Jahres 1807 begonnen hat, immer noch nicht
für tot.

Tot ist – im Zeitalter der Satellitenkommunikation –
Arndts deutschtümelnder Kampf gegen Fremdwörter.
Tot ist – nach dem Umzug Boris Beckers ins Steueraus-
land – das »deutsche Turnen« Friedrich Ludwig Jahns
und die auratische Faszination seiner Slogans »frisch,
fromm, fröhlich, frei« oder »Gut Heil«; und in den Win-
keln des Deutschen Sportbundes, in denen diese Ge-
fühlswelt immer noch überlebt hat, wird sie schließlich
auch noch dahinsiechen. Aber was ist mit Fichtes Rein-
heitsidee, seiner Verfluchung der Vermischung? Lebt
sie nicht fort im Antrag der Christlich-Sozialen Union
vor dem Bundesverfassungsgericht gegen ein kommuna-
les Wahlrecht für Ausländer? Ist sie nicht äußerst leben-
dig in Millionen von Volksdiskursen, in Eckkneipen, alt-
deutsch möblierten Wohnzimmern, Charterflugzeugen
nach Rhodos und Warteschlangen vor den Arbeitsäm-
tern? Was ist vor allem mit dem dunklen Kollektivismus
von Fichtes Volksbegriff und den unterschwelligen Bil-
dern von Tod und Zerstörung, die immer wieder in seinem Werk auftauchen? Haben sie sich nicht in den Fil-
men Syberbergs und, banalisiert und für die Mittelschichten zurechtgemacht, in den »Cool memories« Jean
Baudrillards oder den Haßtiraden des deutschen Philosophen Gerd Bergfleth erhalten? Täusche ich mich,
oder geht die Popularität der Heinrich Heine und der

Bert Brecht, der Jaroslav Hašek und Stanisław Jerzy Lec nicht tatsächlich eher zurück?

Sie sehen also, was ich will. Ich wittere moderne Züge in dem zupackenden, aber verstiegenen, sprachmächtigen, aber opportunistischen Willensmenschen und Autodidakten Johann Gottlieb Fichte aus der Gegend von Bischofswerda. Wir sollten nicht vergessen, wie viele Denkfiguren, die auch heute noch benutzt werden, wenn auch in unserer Sprache, von diesem Mann stammen. Und bevor irgendeine Deutschlandstiftung die »Reden an die deutsche Nation« oder die »Vorlesungen über den Begriff des wahrhaften Krieges« im Faksimile-Druck und mit dem Vorwort eines Altbundespräsidenten wieder herausbringt, soll den lieben Deutschen und ihren europäischen Nachbarn in Erinnerung gerufen werden, was der Mensch gewollt hat. Es geht nicht um »Herder und Fichte«. Es geht um die Zerstörung der humanitären Ethik des Herderschen Nationalitätsgedankens durch den nationalistischen Diskurs – und um die (bekämpfbare, aber nicht wegzuleugnende) Gefahr, daß nach dem Bankrott des Marxismus-Leninismus an der Fichteschen Tradition angeknüpft wird statt an der Herderschen.

Der Zentralbegriff von Fichtes »Reden an die deutsche Nation« ist die Deutschheit. Was das allerdings ist, wird in keiner der vierzehn Reden wirklich definiert. Da steht schon einmal etwas von »Naturgemäßheit von deutscher Seite, Willkürlichkeit und Künstelei von der Seite des Auslands« – und vor allem der ungeheuerliche Satz: »Charakter haben und deutsch sein ist ohne Zweifel gleichbedeutend.« Die Deutschen sind das Urvolk, sie sprechen die Ursprache. Als Politiker überlasse ich es den Philosophen, darzulegen, wie all diese historisch und empirisch ganz und gar nicht einlösbaren Ansprüche begründet werden können. Wer Muße und Kraft hat, entziffere die Begriffe »Geistigkeit« und »Freiheit« in der siebten von Fichtes »Reden an die deutsche Nation«. Das Wichtige in unserem Zusammenhang sind nur der Mythos der Ursprünglichkeit, der entwickelt wird, und die grundlegende Unterscheidung zwischen »Eigenem« und »Fremden«. Das Eigene zu behalten ist gut, das Fremde anzunehmen schlecht.

Eine wichtige Rolle bei der Begründung dieser Obersätze spielt eine kollektivistische Sprachtheorie. Die Sprache ist eine Art Substanz für das Volk, etwas Eigenständiges, Übergeordnetes, das den Menschen formt. In der vierten Rede heißt es wörtlich: »Nicht eigentlich redet der Mensch, sondern in ihm redet die menschliche Natur und verkündigt sich anderen seinesgleichen.« Es folgt eine interessante Definition des Volkes: »Nenne man die unter denselben äußeren Einflüssen auf das Sprachwerkzeug stehenden, zusammenlebenden und in fortgesetzter Mitteilung ihre Sprache fortbildenden Menschen ein Volk, so muß man sagen: Die Sprache dieses Volks ist notwendig so, wie sie ist, und nicht eigentlich dieses Volk spricht seine Erkenntnis aus, sondern seine Erkenntnis selbst spricht sich aus demselben.«

Wer wissen will, was »völkisch« bedeutet: Hier ist es das erste Mal definiert. Das Volk ist nicht ein Zusammenschluß einzelner Menschen, sondern sozusagen das nachgeordnete, kollektive Äußere einer überindividuellen Substanz. Die schrecklichen Folgen, die diese spekulative Denkfigur für die Rolle, die Wertschätzung, die Rechte einzelner Menschen im neunzehnten und zwanzigsten Jahrhundert gehabt hat, kann man dem spekulierenden Philosophen nicht aufs Gewissen laden; aber schauderhaft waren sie.

Denn aus dieser Spekulation folgen bei Fichte zwei im neunzehnten, im zwanzigsten und möglicherweise sogar noch im einundzwanzigsten Jahrhundert überaus folgenreiche Diskurse. Den einen kann man als die »Verfluchung der Vermischung« und den anderen als die »Feier von Tod und Zerstörung« bezeichnen. Beide Diskurse haben heute noch unmittelbare Gewalt über viele von uns.

Was die Verfluchung der Vermischung betrifft, muß man gerechterweise sagen, daß Fichte in all seiner Verwurzelung im achtzehnten Jahrhundert den Schritt zum Biologismus und zum Rassismus nicht getan hat. Er bleibt bei den »unsichtbaren Banden« stehen, die die Sprache zwischen Menschen knüpft, aber er liefert ein Grundmodell der Argumentation, das noch heute verwendet wird. Das »unzertrennliche Ganze« eines Volkes »kann kein Volk anderer Abkunft und Sprache in sich aufnehmen und mit sich vermischen wollen, ohne wenigstens fürs erste sich zu verwirren und den gleichmäßigen Fortgang seiner Bildung mächtig zu stören«, heißt es in der Inhaltsanzeige der verlorengegangenen dreizehnten Rede. Nur in den »unsichtbaren und den eigenen Augen verborgenen Eigentümlichkeiten der Nation« liege die »Bürgschaft ihrer gegenwärtigen und zukünftigen Würde«. Und dann wörtlich: »Werden diese durch Vermischung und Verreibung abgestumpft, so entsteht Abtrennung von der geistigen Natur.« Das ist mit großem Atem formuliert – und gleichzeitig die Grundlage für Ausländerangst, Ausländerhaß und einen ganz übertriebenen Nationalstolz.

Ich will Ihnen jetzt eine Liste der antifranzösischen

Ausfälle des großen Philosophen ersparen. Er war, was man verstehen muß, ein Gegner der großen Raubzüge Napoleons; und er hielt die Reden unter persönlicher Gefährdung, als die Franzosen gerade durch Berlin zogen. Auch dies ist allerdings keine Rechtfertigung für die Bemerkung, es lasse sich nachweisen, »daß alles, was jetzt noch Ehrwürdiges ist unter den Deutschen, in ihrer Mitte entstanden ist«. Diese Feststellung ist chauvinistischer Unsinn; aber trotzdem von hunderten nationalen Deutschen nachgeplappert worden, zuletzt übrigens von Hitler.

Auch die Wut auf Fremdwörter, die aus der Verfluchung der Vermischung folgt, will ich hier nur streifen. Auf den Leser von heute wirkt es eher komisch, wenn Fichte gegen die drei »berüchtigten« Begriffe »Humanität«, »Popularität« und »Liberalität« wettert und sich dann ans Übersetzen macht. Humanität heiße schlicht »Menschlichkeit«, Popularität »Haschen nach Gunst beim großen Haufen«, Liberalität »Entfernung vom Sklavensinn«. Wenn man allerdings bedenkt, welche sprachzerstörerischen Wirkungen die Eindeutschungskampagnen gehabt haben, die auf diese Marotte des Philosophen zurückgehen, kann man Theodor W. Adorno verstehen, der die Fremdwörter einmal als »Juden der Sprache« bezeichnet und verteidigt hat.

Nicht unterdrücken darf man aber bei der Diskussion des Diskurses »Verfluchung der Vermischung« die Theorie der Assimilation, die Fichte entwickelt. Sie ist der von Herder nämlich genau entgegengesetzt. »Einverleibt werden« dürften dem »Stammvolke« durchaus Menschen »anderen Stammes und anderer Sprache«. Aber es dürfe diesen Assimilationskandidaten unter keinen Umständen »verstattet« werden, »den Umkreis ihrer Anschauungen zu dem Standpunkte, von welchem nun an die Sprache sich fortentwickle, zu erheben«. Dann bleiben sie »stumm in der Gemeine und ohne Einfluß auf die Sprache solange, bis sie selbst in den Umkreis der Anschauungen des Stammvolkes hineingekommen sind«. Mit Herder konnte man gegen Germanisierung, Russifizierung, Polonisierung und so weiter kämpfen; mit Fichte nicht. Das liegt an seiner hysterischen Gegnerschaft zu jeglicher »Vermischung«.

Und damit bin ich bei dem anderen Diskurs, den ich polemisch die »Feier von Tod und Zerstörung« genannt habe. Auch der folgt aus der Geringschätzung des einzelnen mit seinen Einzelinteressen. Die Vergänglichkeit der Einzelexistenz wird als unerträglich empfunden. Deshalb formuliert Fichte: »Der Glaube des edlen Menschen an die ewige Fortdauer seiner Wirksamkeit auch auf dieser Erde gründet sich auf die Hoffnung der ewigen Fortdauer des Volks.« Das aber hat die entsprechenden Folgen für den einzelnen: »Das Leben bloß als Leben, als Fortsetzen des wechselnden Daseins, hat für ihn ja ohnedies nie Wert gehabt, er hat es nur gewollt als Quelle des Dauernden.« Das waren die Stichworte für die Opferung von Millionen von einzelnen Menschen für irgendwelche grandiosen Ziele. »Nicht der Geist der ruhigen bürgerlichen Liebe der Verfassung und der Gesetze« dürfe sich in schwierigen Zeiten »an das Ruder stellen« . . ., »sondern die verzehrende Flamme der höheren Vaterlandsliebe, die die Nation als Hülle des Ewigen umfaßt, für welche« – und das sind die entscheidenden Worte – »der Edle mit Freuden sich opfert und der Unedle, der nur um des ersten willen da ist, sich eben opfern soll«. Ich denke, es wird eine wichtige Aufgabe der Zukunft sein, all die Unedlen zu verteidigen, die für nichts anderes leben wollen als für den »Geist der ruhigen bürgerlichen Liebe der Verfassung und der Gesetze«.

Wissen Sie im übrigen, wie Fichtes »Reden an die deutsche Nation« enden? Bitte erinnern Sie sich: Es ging um die Frage, welchen Einfluß Napoleon in Europa – und insbesondere in Preußen – haben sollte. Zugegeben, Napoleon war ein Despot. Aber ein Demokrat war der preußische König nun auch nicht gerade. Der Unterschied war: Napoleon war Franzose, der preußische König war Deutscher. Fichte schloß in dieser Situation seinen großen Appell an die Deutschen so: »Wenn Ihr versinkt«, sagte er, »so versinkt die ganze Menschheit mit, ohne Hoffnung einer einstigen Wiederherstellung.«

Ich will das nicht mehr kommentieren. Ich will nur sagen: Fichte war ein sehr wirkungsvoller Philosoph. Er hat auch auf Menschen gewirkt, die seine Texte nie gelesen haben. Die Verächter der Intellektuellen sollten es sich merken: Auch Vorlesungen vor eher kleinem Kreis können große Wirkungen entfalten.

Einen letzten Fichteschen Diskurs will ich Ihnen noch herauspräparieren; es ist der Diskurs »Nationalerziehung«. Damit hat er nach allen Seiten gewirkt; nach rechts und nach links. Der entscheidende Satz steht in der elften Rede: »Ich hoffe, daß ich einige Deutsche überzeugen und sie zur Einsicht bringen werde, daß es allein die Erziehung sei, die uns retten könne von allen Übeln, die uns drücken.« Der Vorsatz ist ihm gelungen; bei linken Volkserziehern genauso wie bei liberalen oder nationalen. Die Idee, daß man durch Erziehung den Menschen sozusagen neu schaffen könne, ist in Deutschland seit Fichte (der ihr allerdings keineswegs als einziger anhing) gewaltig verbreitet.

Bei Fichte jedoch in der für ihn typischen rigorosen Fassung. Wenn die politische Rechte solche Erziehungskonzepte bei der Linken kritisiert, pflegt sie sie »totalitär« zu nennen. Wenn man etwas über den Menschen vermögen wolle, so steht in der zweiten Rede, »so mußt Du mehr tun, als ihn bloß anreden; Du mußt ihn machen, ihn also machen, daß er gar nicht anders wollen könne als Du willst, daß er wolle«. Im Rechnen auf einen freien Willen des Zöglings liege »der erste Irrtum der bisherigen Erziehung«. Man kann Fichte alles mögliche vorwerfen; nicht aber, daß er nicht klar formuliert habe: »Dagegen würde die neue Erziehung gerade darin bestehen müssen, daß sie auf dem Boden, dessen Bearbeitung sie übernähme, die Freiheit des Willens gänzlich vernichtete und dagegen strenge Notwendigkeit der Entschließungen und die Unmöglichkeit des Entgegengesetzten in dem Willen hervorbrächte, auf welchem Willen man nunmehro sicher rechnen und auf ihn sich verlassen könnte.« Das alles erreicht natürlich mit einem »hohen Grad der Strenge«, auch mit »Furcht vor gegenwärtiger Strafe«.

Hunderttausende deutscher Pädagogen haben sich an diesem Kanon, die Fichtesche Philosophie der Freiheit natürlich vergessend, orientiert, die letzten in einem Erziehungsstaat, der sich DDR genannt hat. Hoffentlich die letzten.

Johann Gottlieb Fichte war ein »großer Intellektueller«, der an Übergängen operierte; am Übergang vom rationalistischen achtzehnten zum idealistisch und romantisch beginnenden neunzehnten Jahrhundert, am Übergang vom Fürsten- zum Volksstaat, am Übergang vom Patriotismus zum Nationalismus. Eine regelrechte Theorie des Naitonalstaats hat er noch nicht formuliert, was ihm später die kleindeutschen Historiker penibel vorrechneten. Zwar hatte er 1813 einen »Zwingherrn zur Deutschheit« verlangt; daß das aber unbedingt der preußische König sein müsse, das war ihm noch nicht eingefallen. Er hätte mit mehreren deutschen Staaten leben können, nur deutsch sollten sie sein. Und trotzdem muß man fragen, ob Bismarck, der als Preuße handelte, von unklaren Ideen wie der »Deutschheit« nichts hielt und gelegentlich Zeitgenossen fragte, ob sie denn vom deutschen Hunde gebissen worden seien, seinen preußisch-deutschen Einheitsstaat ohne Fichte hätte schaffen können. Denn die Vereinigung so vieler unterschiedlicher Staaten zu einem einzigen brauchte einen Resonanzboden, ein nationales Bürgertum. Und das entstand durch den nationalistischen Diskurs, den Fichte angestoßen hatte.

Natürlich kann man sagen, daß die Schüler, Nachfolger und Anhänger Fichtes ihren Lehrer banalisiert haben. Der operierte vom erhabensten Punkte aus, von einem philosophischen Normensystem für die Regierenden. Seine Anhänger nahmen die Gußformen seiner Gedanken, aber sie vergaßen den Plan, nach dem die Figur zusammengefügt werden mußte. Das kann man schon bei Ernst Moritz Arndt und erst recht bei Friedrich Ludwig Jahn merken. Sie sagen dasselbe wie Fichte; aber durch eine nur unmerkliche Drehung wird aus philosophischer Spekulation politische Propaganda. Am Beispiel der »Vermischung« exemplifiziert: Arndt sieht (in »Germanien und Europa«) durch »unnatürliche Vermischung Mißgeburten aller Art erzeugt« und fragt: »Warum sind in allen Nationen die Menschen häufig die schlechtesten, wo sich an den Grenzen oft zwei, drei Sprachen mischen, deren keine sie richtig sprechen?«

Und Jahn formuliert (im »Deutschen Volksthum«) gar: »Wer die Edelvölker der Erde in eine einzige Herde zu bringen trachtet, ist in Gefahr, bald über den verächtlichen Auskehrricht des Menschengeschlechtes zu herrschen.«

»Mißgeburten« und »unnatürliche« Vermischung, »Edelvölker« und »Auskehrricht«, das ist genau der Schritt zum Biologismus, den Fichte noch verweigert hat. Man kann Fichte also »retten«, wenn man darstellt, wie die nationalistische Nachwelt seine idealen Endzwecke gleichmütig beiseite geschoben hat. Aber man muß umgekehrt auch den genialischen Machern Arndt und Jahn ihr Recht lassen. Wie hätten sie das Kleinbürgertum in einer vielfach abgeteilten Staatenwelt ohne Massenmedien mit einer komplizierten Geistphilosophie mobilisieren sollen?

Sie haben sie mobilisiert. Zum Beispiel mit symbolischer Politik; schon auf dem ersten Treffen der Burschenschaften auf der Wartburg, 1813, wurden die Bücher der Gegner verbrannt. Mit höchst wirksam inszenierten ethnozentrischen Mythen; indem eine idealisierte altdeutsche Kraft-Welt gegen die schlaffe, verfaulende Modernität des Spätabsolutismus gestellt wurde. Mit der Beschwörung der Welt der Jugendfreundschaften, der Cliquen, die sich von den älteren Generationen bewußt absetzten. Die Jugendbewegung, die nach dem Jahr 1800 entstand, hat schließlich drei weitere hervorgerufen, die immer wieder mit dem gleichen Ideenmaterial arbeiteten. Und mit einer Idee von Körperkultur, die als Propaganda-Instrument sowohl ideologische Grenzen als auch Sprachgrenzen übersprang.

Das, was Friedrich Ludwig Jahn mit seinem »deutschen Turnen« auf dem Turnplatz in der Berliner Hasenheide begonnen hatte, wurde zu einer der wirksamsten Massenbewegungen in unserer Geschichte. Auch wer in den Sokoln für den tschechischen Nationalismus oder in Arbeiterturnvereinen für den Sozialismus turnte, tat dies in der Nachfolge des Organisators und Seeleningenieurs Jahn. Seine Erfindung von Reck und Barren war eine brillante politische Leistung; wenn auch zu höchst fragwürdigem Endzweck.

Bleibt die Debatte über den Nationalismus als Emanzipationsbewegung – der gängigste Versuch einer Rehabilitierung des belasteten Diskurses. Zwar ist das revolutionäre, demokratische Element im westlichen Nationalgedanken, vor allem im französischen, weit stärker als im deutschen. Aber man darf nicht ungerecht sein; auch Fichte hat dem absoluten Souverän die Nation als Träger der Staatsmacht gegenübergestellt. Am besten läßt sich das an seinen »Vorlesungen über den Begriff des wahrhaften Krieges« darstellen.

Der Bürger, sagt Fichte mit demselben verächtlichen Unterton, den später viele Sozialisten übernommen haben, sei vor allem Eigentümer. Es sei ihm durchaus gleichgültig, wer ihn schütze, wenn er nur geschützt werde. Wörtlich:»Das einzige Augenmerk dabei ist: so wohlfeil als möglich. Der Staat ist ein notwendiges Übel, weil er Geld kostet, man muß aber jedes Übel so klein machen als möglich.«

Gegen diese bürgerliche Psychologie – der Krieg als Krieg der Herrschaftsfamilien, die sich Söldner-Armeen organisieren – setzt Fichte den »eigentlichen Krieg«, den des Volkes. Es ist eine neue Situation: »Alle sind frei, jeder für seinen Teil: alle müssen drum ihre Freiheit selbst für ihren Teil verteidigen.« Fichte wehrt sich gegen die sinnlosen Erbfolgekriege des Absolutismus; aber umgekehrt auch gegen die würdelosen Waffenstillstände und Friedensverträge, die die Fürsten aus ihren Interessen abschließen, ohne die Freiheit ihrer Untertanen zu berücksichtigen. Für die »Grillen eines individuellen Willens« dürfe das Leben von Menschen nicht riskiert werden. Für die »Freiheit des Menschengeschlechts« aber müsse man sich aufopfern und »in die heilige Opferflamme« stürzen.

Der Mann hat nicht nur geredet; er war auch zum Handeln entschlossen. Er war eine Art Phänotyp des nationalistischen Vorkämpfers: aus kleinsten Verhältnissen stammend, über verschiedene unsichere Hauslehrer-Stellen sich emporarbeitend, eine seltsame Mischung von Mut und Opportunismus gegenüber der Obrigkeit, willensstark, politisch, verstiegen, ein dunkler, aber großer Formulierer und eigentlich nur zu großen, selten zu kleinen Gefühlen fähig. Zweimal hat er versucht, in die »Befreiungskriege« selbst einzugreifen: als Feldprediger, 1807 und 1813. Er wollte, wie er seinem Gönner Nicolovius schrieb, »die Kriegführer in Gott eintauchen«. Das ist ihm zu Lebzeiten verwehrt worden. Aber auf die Dauer ist es ihm irgendwie doch gelungen. Heinrich Heine sagte schon 1834 voraus: »Durch diese Doktrinen haben sich revolutionäre Kräfte entwickelt, die nur des Tages harren, wo sie hervorbrechen und die Welt mit Entsetzen und Bewunderung erfüllen können. Es werden bewaffnete Fichteaner auf den Schauplatz treten, die in ihrem Willensfanatismus weder durch Furcht noch durch Eigennutz zu bremsen sind.«

Sie sind auf den Schauplatz getreten. Wir müssen jetzt dafür sorgen, daß keine neuen mehr auf den Schauplatz treten.

VIERTE REDE

Der Irrweg
des Nationalstaats

Der Nationalstaat, so werde ich heute zu beweisen versuchen, genauer gesagt: der ein-nationale Zentralstaat,
ist ein Irrweg. Er ist ein Produkt *made in Europe,* eine
fixe Idee des späten achtzehnten Jahrhunderts mit zwei
Wurzeln, einer jakobinischen und einer romantischen –
und doch uneuropäisch, der Vielfalt einer Völkermischzone und der Tradition einer föderalistischen und regio-
nalistischen Ordnung fremd.

Aber dieses uneuropäische Produkt Europas ist
zugleich ein überaus erfolgreicher Exportartikel. Der
Gefühlskitt des Nationalismus ist so begehrt wie Öl oder
Mangan. In Pakistan, einer »Nation« ohne gemeinsame
ethnische, religiöse, sprachliche oder historische Grundlagen, genauso wie bei den Palästinensern, einer »Nation« ohne Staat und Territorium, oder in Äthiopien,
einer jahrtausendealten multinationalen Kultur, die
manche jetzt zu einer Nation, sozusagen zu *Greater
Ethiopia,* machen wollen. Und überall – oder doch: fast
überall –, fürchte ich, wird sich zeigen: Die Idee des
Nationalstaats ist zu einfach für eine komplizierte Welt.

Die Ruritanier, deren einziges Ziel in der ruritanischen (wenn möglich groß-ruritanischen) Unabhängigkeit und Herrschaft besteht, werden überall mit den
Nicht-Ruritaniern in schlimme Konflikte geraten. Denn
aus der ruritanischen Idee folgt, daß es im eigenen Land
keine Nicht-Ruritanier geben darf; oder daß sie sich as-

similieren müssen, angleichen, unterwerfen. Solche Auseinandersetzungen enden nicht selten mit der Benutzung von Autobomben, Flammenwerfern und Kettenfahrzeugen.

Der Nationalstaat – ein Irrweg? werden Sie mich fragen. Ist die nationale Revolution nicht eher ein universaler Prozeß, der, ausgehend von Europa, die gesamte Welt ergriffen hat? In den letzten zweitausend Jahren hat sich die Zahl der Sprachen, die es auf dieser Welt gibt, verdoppelt. Aber was heißt hier zweitausend Jahre! Seit 1945 hat sich die Zahl der Nationalstaaten mehr als verdoppelt. Und es sieht so aus, als würden Separatismus und Sezession in der Zukunft weitere Erfolge feiern.

Wir Deutschen werden inzwischen schon zum Berufungsfall. Nach der Besetzung Kuwaits durch Saddam Hussein konnte man im deutschen Fernsehen einen arabischen Lastwagenfahrer begeistert sagen hören: »Es gab lange Zeit zwei Deutschlands; jetzt gibt es nur noch eins. Bald wird es auch nur noch eine arabische Nation geben.« Der Mann war Palästinenser, lebte in Jordanien und gehörte zu den vielen tausend Freiwilligen, die sich für den Heiligen Krieg der Iraker zur Verfügung stellen wollten.

Sollten wir also, als frisch saturierte Nation, nicht besser schweigen und der Entwicklung ihren Lauf lassen? Ich sage: nein. Nationalismus ist, wie der Psychoanalytiker Erich Fromm formuliert hat, *moral insanity;* mit solchen Krankheiten darf man sich nicht abfinden. Wenn man sieht, wie in halb Europa alte Fahnen, alte Lieder, alte Wappen und die jeweiligen Sedanstage ausgegraben werden, dann kann man sich allerdings fragen, ob es nicht verrückt ist, gegen diesen Zeitgeist anzurennen.

Übrigens: Der Begriff, den die modernen Irrenärzte gebrauchen, um das Wort »verrückt« zu vermeiden, lautet: »unpolitisch«.

Der Gegner der Idee – und vor allem der Wirklichkeit – des Nationalstaats muß sich mit zwei Argumenten auseinandersetzen. Das eine macht geltend, daß die Nation sozusagen die Kutsche war, mit der die Volkssouveränität in den europäischen Staaten vorfuhr. Wir konnten diese Verquickung von nationalem und demokratischem Impuls sogar bei Fichte beobachten, der in seinem Leben nur sehr gelegentlich von jakobinischen Anwandlungen befallen war. Die andere Denkfigur zur Verteidigung des Nationalstaats ist ökonomischer Natur und wurde am häufigsten von der marxistischen Schule verwendet. Sie besagt, daß der Nationalstaat ein notwendiges Durchgangsstadium der Menschheit war, weil nur er ausreichend große »innere Märkte« schaffen konnte.

Am direktesten hat das, wie meistens, Lenin ausgesprochen, ein Meister der brutalen Ausleuchtung, der Schattierungen und Nuancen selten zuläßt. In seinem Aufsatz »Über das Selbstbestimmungsrecht der Nationen« vom Frühjahr 1914 sagt er:

»In der ganzen Welt war die Epoche des endgültigen Sieges des Kapitalismus über den Feudalismus mit nationalen Bewegungen verbunden. Die ökonomische Grundlage dieser Bewegungen besteht darin, daß für den vollen Sieg der Warenproduktion die Eroberung des inneren Marktes durch die Bourgeoisie erforderlich, die staatliche Zusammenfassung von Territorien mit Bevölkerung gleicher Sprache notwendig ist. Die Bildung von Nationalstaaten, die diesen Erfordernissen des modernen Kapitalismus am besten entsprechen, ist daher die Tendenz (das Bestreben) jeder na-

tionalen Bewegung. Die grundlegenden wirtschaftlichen Faktoren drängen dazu, und in ganz Westeuropa
– mehr als das, in der ganzen zivilisierten Welt – ist
deshalb der Nationalstaat für die kapitalistische Periode das Typische, das Normale.«

Ich bestreite nicht, daß es zwischen Demokratie, Kapitalismus und Nationalstaat eine historische Liaison,
eine verhängnisvolle Dreierbeziehung gegeben hat. Voll
ausgebildete Warenbeziehungen und Republik haben
sich in der Regel im Schnittmuster des Nationalstaats
etabliert. Aus dieser historischen Tatsache folgt aber
nicht einmal, daß diese Verquickung notwendig, unausweichlich war; geschweige denn, daß sich aus dieser
Geschichte eine Mischung von Würde und Verdienst
ergäbe, die der historischen Formation Nationalstaat
noch heute anhänge und die man ihr gar am Ende des
zwanzigsten Jahrhunderts immer noch gutschreiben
müsse.

Zur Beziehung von Demokratie und Nation wird man
zuerst einmal schlicht historisch feststellen müssen, daß
sich in nationalen Bewegungen auf die Dauer im Nor-
malfall autoritäre Gruppen der politischen Rechten
durchsetzen. In Deutschland ist das besonders markant;
in unseren nationalen Bewegungen haben aufkläreri-
sche, demokratische, linke Kräfte immer nur kurze und
prekäre Rollen gespielt. Aber selbst in klassischen Demokratien scheint die nationale Solidaritätshaltung eher
autoritäre als emanzipatorische Herrschaftsformen zu
begünstigen. Weder die Scottish Nationalist Party noch
die Walisische Nationalpartei waren und sind links; und
der National-Marxismus in der irischen Bewegung war
nichts anderes als ein kurzes Aufflackern. Selbst im
Land der weltverändernden Revolution von 1789 hat

es eine »Action française«, also eine ekelhafte chauvinistische Bewegung gegeben, der durchschnittliche französische Nationalismus war oft engherzig und unklug, und ob die sicherlich aus ehrlichem Herzen kommende nationale Attitüde der französischen Linken Frankreich und Europa sehr viel helfen wird, ist zumindest offen.

Das waren jetzt alles Beispiele aus dem Westen und aus dem zwanzigsten Jahrhundert. Die Beweislage wird noch weit drückender, wenn man die nationalen Bewegungen Afrikas und Asiens dazunimmt oder sich die Geschichte der nationalen Bewegungen in Mitteleuropa klarmacht. Der ethno-pathetische, romantische, laienreligiöse Zug der mitteleuropäischen Nationalidee war von Anfang an aggressiv; und ihre Deuter und Künder, von Kossuth, Palacký, Mickiewicz, Mazzini bis zu Horthy oder Pilsudski waren zwar Führerfiguren mit messianischer Ausstrahlung, aber zugleich autoritäre Persönlichkeiten, wie sie im Lehrbuch stehen.

Ich gehe noch ein Stück weiter und behaupte, daß die innere Verwandtschaft der nationalen Religionen mit oligarchischen Tendenzen in vielen Ländern, jedenfalls aber in Mittel- und Osteuropa ganz und gar kein Zufall ist. Hier entfaltete sich die Freiheitsidee ja als ein Bekenntnis zum Haß gegenüber den anderen, den »Fremden«. An den sogenannten »Befreiungskriegen« in Preußen kann man das wunderbar studieren; sie führten zwar zur Befreiung von der »Fremdherrschaft«, also von Napoleon, im übrigen aber zu den Karlsbader Beschlüssen, allgemeiner ausgedrückt: zu einer Jahrzehnte währenden Befestigung von politischen und sozialen Verhältnissen, die das genaue Gegenteil von Befreiung waren. Ich spitze bösartig zu und sage, im vollen Bewußtsein, mit diesem Satz bei den Vereinten Nationen keine Mehrheit finden zu können: Wer ungerechte, unlegitimierte, gar brutale Herrschaft nur deshalb akzeptiert, weil sie von einer Herrschafts-Clique der eigenen Nation (oder auch Religion, Rasse, Hautfarbe) ausgeübt wird, sollte den Begriff »Demokratie« nicht im Munde führen.

Und dann muß man noch von der Ausgrenzung der Millionen, bald Milliarden Flüchtlinge durch das nationalstaatliche Programm reden. Dieses Programm besagt ja, auf eine kurze Formel gebracht: Jedem Volk seinen eigenen Staat – das ganze Volk in diesem Staat. Es herrscht die Vorstellung: Wie die Menschheit in eine Anzahl von Nationen geteilt sei, solle man die Welt in ebenso viele Staaten zerlegen – jede Nation ein Staat, jeder Staat eine Nation.

Diese Vorstellung hat sich in vielen Teilen der Welt durchgesetzt; allerdings mit einem schrecklichen Resultat. Wer aus seiner Nation herausfiel, wer flüchten mußte, wer aus ihr ausgeschlossen wurde, fiel gleichsam aus der ganzen Menschheit heraus. Die Verquickung der Menschenrechte mit der nationalen Emanzipation hatte die schreckliche Folge, daß sich der den Menschenrechten zugrundeliegende Begriff des Menschen nach dem Volk richtete, nicht nach dem Individuum. Es ist schon richtig: Diese Verquickung war eine Erfindung der Französischen Revolution. Wir werden sie trotzdem auflösen müssen. Im Jahrhundert der Flüchtlinge, das gerade zu Ende geht, und im Jahrhundert der Bevölkerungsexplosion, das sich daran anschließen dürfte, muß diese Verquickung zu unsäglichem Leid, zu maßloser, massenhafter Brutalität führen. Wer sich damit abfände, wäre verächtlich.

Damit bin ich beim zweiten großen Rechtfertigungs-
argument für den Nationalstaat angelangt: dem ökonomischen. Und wie einem beim Nachdenken über die
deutsch-romantischen Lehren zwangsläufig Herder und
Fichte ins Visier geraten, so kommt man bei der Auseinandersetzung um die wirtschaftlichen Bestimmungs-
gründe für die nationalstaatliche Entwicklung um den
Marxismus nicht herum. Daß die europäischen Völker
nach dem Ersten Weltkrieg – und demnächst vielleicht
wieder? – den Holzweg des Nationalstaates hinauf- und
hinuntergejagt wurden, hängt zu einem guten Teil mit
den Fehleinschätzungen der marxistischen Lehre zusammen, vor allem mit der von Lenin radikalisierten und
simplifizierten Zurückführung aller Gesellschaftsge-
schichte auf bestimmte ökonomische Mechanismen.

Niemals begriffen haben die Marxisten (die Austro-
Marxistische Schule und Antonio Gramsci ausgenommen) die ethische und kulturelle Dimension von Volkssprache und Volkstraditionen. Sie hielten Herder, um es
plump zu sagen, für einen verblasenen idealistischen
Schwätzer. Auf diese Weise kamen sie zu dem, was ich
den bodenlosen Funktionalismus Lenins nenne; nämlich
zu der Vorstellung, als seien die nationalen Solidaritäts-
haltungen nichts anderes als falsches, einer bestimmten
ökonomischen Formation zuzuordnendes Bewußtsein,
das man als Revolutionär für die eigenen Zwecke beliebig, eben funktional, einsetzen könne. Die Folge war
die Theorie vom guten Nationalismus der unterdrückten
und vom bösen Nationalismus der unterdrückenden
Völker, die in der pathetischen Fassung eines »Selbstbestimmungsrechts der Völker« in die Geschichte und ins
Völkerrecht eingegangen ist. Der Mißbrauch dieser Formel hat schon viele hunderttausend Tote produziert;

und es sieht nicht so aus, als ob dieser Prozeß schon an sein Ende gekommen wäre.

Ich werde Ihnen die lange und vielfältige Nationalitätendebatte der Marxisten hier nicht vorführen; dies ist keine dogmengeschichtliche Vorlesung. Nur weil es heutzutage Mode wird, alle Schrecklichkeiten des realen Sozialismus Lenin in die Schuhe zu schieben, erlaube ich mir den Hinweis, daß in der Nationalitätenfrage Marx und vor allem Engels nicht sehr viel einsichtiger waren. Auch sie waren an nichts anderem interessiert als an der Revolution, die in ihrer Geschichtsphilosophie die Rolle der großen Pointe spielte. »Völkerknirpse« und »absurde Nationalitäten«, die in der Revolutionsdramaturgie eine falsche Rolle spielen könnten, waren ihnen gänzlich gleichgültig. Um diesen Denkstil zu charakterisieren, den Lenin und sein erster Volkskommissar für Nationalitätenfragen, Stalin, nur übernehmen mußten, biete ich Ihnen ein einziges Zitat. Es stammt aus den »Slawen-Artikeln« von Friedrich Engels:

»Es ist kein Land in Europa, das nicht in irgendeinem Winkel eine oder mehrere Völkerruinen besitzt, Überbleibsel einer früheren Bewohnerschaft, zurückgedrängt und unterjocht von der Nation, welche später Trägerin der geschichtlichen Entwicklung wurde. Diese Reste einer von dem Gang der Geschichte, wie Hegel sagt, unbarmherzig zertretenen Nation, diese Völkerabfälle, werden jedesmal und bleiben bis zu ihrer gänzlichen Vertilgung oder Entnationalisierung die fanatischen Träger der Konterrevolution, wie ihre ganze Existenz überhaupt schon ein Protest gegen eine große geschichtliche Revolution ist. So in Schottland die Gaelen, die Stützen der Stuarts von 1640 bis 1745. So in Frankreich die Bretonen, die Stützen der

Bourbonen von 1792 bis 1800. So in Spanien die Basken, die Stützen des Don Carlos. So in Österreich die panslawistischen Südslawen, die weiter nichts sind als der Völkerabfall einer höchst verworrenen tausendjährigen Enwicklung. Daß dieser ebenfalls höchst verworrene Völkerabfall sein Heil in der Umkehr der ganzen europäischen Bewegung sieht, die für ihn nicht von Westen nach Osten, sondern von Osten nach Westen gehen sollte, daß die befreiende Waffe, das Band der Einheit für ihn die russische Knute ist, das ist das Natürlichste von der Welt.«

Man muß Engels, genauso wie vorher Fichte, vor unserer Art der Sprachkritik in Schutz nehmen. Das Wort »Völkerabfall« hat nach Auschwitz eine andere Bedeutung, eine andere Klangfarbe als vor Auschwitz. Aber die Aufteilung der Völker des Donauraums in aktive und passive, in führende und geführte, in fortschrittliche und reaktionäre, in brauchbare und unbrauchbare ist eben jener Funktionalismus, an dem der Stratege Lenin gar nicht viel ändern mußte. Und er enthüllt ein hirnloses Unverständnis für die Verflechtung und Überschichtung unterschiedlicher Völker in Mitteleuropa; erst recht für die komplizierten, verschachtelten, absolutistisch verknöcherten, aber in vielen Fällen überaus sinnreichen Institutionen der Vielvölkerstaaten.

Die Utopie, die die Marxisten trieb, war die Verschmelzung der nationalen Sprachen zu einer Einheitssprache. Der große Praktiker Lenin wußte aber sehr wohl, wie man historische Prozesse in unterschiedliche Tendenzen zerlegen muß, um sie beeinflussen zu können. Für seine Revolution brauchte er statt der »stumpfsinnigen, zurückgebliebenen, seßhaften und hinterwäldlerischen großrussischen oder ukrainischen Bauern den beweglichen Proletarier«. Also war seine Folgerung klipp und klar: »Ein zentralisierter Großstaat ist ein gewaltiger historischer Schritt vorwärts auf dem Wege von der mittelalterlichen Zersplitterung zur künftigen sozialistischen Einheit der ganzen Welt.«

Und da Lenin im übrigen seine Revolution nur mit einer straffen, übernationalen, zentralistischen Organisation durchsetzen konnte, war er ein Gegner von Föderalismus und Dezentralisierung. Das Ergebnis all dieser Überlegungen war dann jener Begriff des Selbstbestimmungsrechts der Völker, der, beginnend mit den Friedensverhandlungen nach dem Ersten Weltkrieg, im ganzen zwanzigsten Jahrhundert eine große, aber gleichzeitig doppeldeutige Rolle spielen sollte.

Für Lenin war klar: Das Recht auf Selbstbestimmung der Völker, das er ja nicht erfunden hatte, sondern das zum ersten Mal in einem Beschluß der Ersten Sozialistischen Internationale von 1865 aufgetaucht war und sowohl in den Debatten der österreich-ungarischen wie auch der russischen Sozialdemokratie eine große Rolle gespielt hatte, war ein Recht auf Lostrennung, ein Recht auf Sezession. Aber eben »funktionalistisch« verstanden. Die Lostrennung, selbstverständlich, von Nationalstaaten aus den großen Nationalitätenstaaten, zum Beispiel aus Österreich-Ungarn und der Türkei. Wenn möglich: die Lostrennung von Nationalstaaten aus den Kolonialreichen Englands, Frankreichs, Hollands, Portugals. Wo es sich nicht vermeiden ließ, auch: die Verselbständigung von Staaten aus dem Russischen Reich; so entstand die kurze Selbständigkeit der baltischen Staaten zwischen dem Ersten und dem Zweiten Weltkrieg.

Aber Lenin war nicht der Mann, der sich durch Theorien seine Handlungsfähigkeit beschränken ließ. Um es an einem Beispiel zu sagen, das jetzt wieder sehr aktuell ist: am Selbständigkeitsstreben der Ukraine. 1914 erklärte der große Revolutionär:»Ob es zum Beispiel der Ukraine beschieden sein wird, einen selbständigen Staat zu bilden, das hängt von tausend Faktoren ab, die im voraus nicht bekannt sind. Und ohne zu versuchen, ins Blaue hinein zu raten, treten wir entschieden für das ein, was außer Zweifels steht: das Recht der Ukraine auf einen solchen Staat.«

Am 20. Januar 1918 klang die Melodie schon anders: »Kein einziger Marxist kann, ohne mit den Grundsätzen und dem Sozialismus überhaupt zu brechen, bestreiten, daß die Interessen des Sozialismus höher stehen als die Interessen des Selbstbestimmungsrechts der Völker.« Nicht lange danach beendete die Sowjetmacht, noch unter Führung Lenins, dann die kurze Eigenstaatlichkeit der Ukraine (und der Armenier, der Georgier, der Kuban-Kosaken, der Aserbaidschaner und der Weißrussen) mit militärischen Machtmitteln; übrigens im Widerspruch zum damaligen sowjetrussischen Verfassungsrecht.

Wir befinden uns heute mitten in einer hochaktuellen politischen Auseinandersetzung, nämlich bei der Auflösung der Sowjetunion zu einer Konföderation oder gar der endgültigen Abtrennung vieler Republiken. Die nationale Organisation der Ukraine, die die Lostrennung betreibt, heißt »Ruch« und führt exakt die Debatten, über die ich hier spreche, allerdings verständlicherweise in einem anderen, höheren, heftigeren Ton.

Mit der Selbständigkeit der Ukraine wurde im übrigen auch eine Idee vom Tisch gewischt, der Lenin schon 1914 mit Hohn und Spott begegnet war. Die Ukrainer hatten Anfang des Jahres 1918 ein vorbildliches »Statut über die personale Nationalautonomie« erlassen, nach dem alle in der Ukraine lebenden Nationen mit institutionellen Selbstverwaltungs- und Selbstbesteuerungsrechten ausgestattet werden sollten. Das Statut hätte Russen, Juden und Polen sozusagen zu Staaten im Staat gemacht. Die Ukrainer versuchten zu realisieren, was die Austro-Marxistische Schule, also vor allem die bedeutenden Sozialisten Karl Renner (sehr viel später, 1945 bis 1950, Präsident der Republik Österreich), Otto Bauer, der langjährige Vorsitzende der österreichischen Sozialisten, und Bohumir Šmeral, später einer der Begründer der Kommunistischen Partei der Tschechoslowakei, aus den Erfahrungen des österreich-ungarischen Vielvölkerstaates im letzten Jahrzehnt des neunzehnten und im ersten Jahrzehnt des zwanzigsten Jahrhunderts entwickelt hatten.

Man kann diese Idee auf verschiedene Formeln bringen; die eine heißt »Autonomie statt Souveränität«, die andere »Personalitätsprinzip«, die dritte »Mit- und Selbstregierung«. Immer geht es darum, den arroganten Anspruch, der im Begriff »staatsführende Nation« steckt, zu bekämpfen; also allen »Nationen« einer Gesellschaft vergleichbare Rechte zu sichern. Deswegen sollten sowohl die Bildungspolitik als auch die Kommunalverwaltung in der Zuständigkeit der »Nationen«, nicht des Gesamtstaates liegen. Das am weitesten ausgearbeitete Konzept für diese Idee der nationalen Autonomie hat Karl Renner entworfen, der – noch im alten Jahrhundert – einen exakten, staatsrechtlich durchgearbeiteten Plan für die Mitbestimmung der selbstregierungswilligen Sprachgemeinschaften in einem Vielvölkerstaat entwickelte.

Ich beschreibe diese Konzepte nicht irgendeiner historischen Vollständigkeit halber; ich beschreibe sie, weil ich deutlich machen will, daß man auch von einem marxistischen Standpunkt zu einer demokratischen, die nationalen Individualitäten berücksichtigenden Lösung finden konnte. Ich beschreibe sie aber vor allem, weil ich die Idee der Autonomie einzelner Volksgruppen für die einzig praktikable Zukunftsidee halte, die aus der Nationalitätendiskussion der letzten zweihundert Jahre hervorgegangen ist. Ich komme auf dieses Thema im zweiten Teil dieser Rede, bei der Erörterung der europäischen Probleme von heute und morgen, zurück.

Meine Erkenntnis ist zwar: Wir Politiker sind aus offen zutageliegenden Gründen in der Regel unfähig, aus der Geschichte zu lernen; die Schrecksekunden der Vergangenheit stecken einfach zu wenigen Akteuren in den Gliedern. »In der Regel« heißt aber, daß Ausnahmen denkbar sind. Mein Vorschlag wird sein: Benutzen wir die vielfältige Rechtsgeschichte, Institutionen-Geschichte des *jus publicum Europaeum* als Steinbruch und versuchen wir, ein paar der alten Steine sinnreich in die moderne und manchmal brutale, phantasielos-modernistische Architektur einzufügen.

Ich hatte vom ukrainischen »Statut über die personale Nationalautonomie« gesprochen. Davon hielt Lenin natürlich gar nichts. Die Idee, irgendwelchen Volksgruppen Steuergelder oder gar Schulen in die Hand zu geben, hielt der Zentralist für abwegig. Dann schon lieber »Lostrennung«. Daß unterschiedliche Völker ihr Selbstbestimmungsrecht innerhalb einer staatlichen Organisation wahrnehmen könnten, ging ihm nicht in den Kopf. Die Nationalitätenstaaten waren ihm »etwas Rückständiges«, eine »Ausnahme«, ein Anachronismus. Er war –

und das mit ungeheurer Wirkung auf die Weltbewegung des Kommunismus und darüber hinaus – zuerst einmal für Nationalstaaten. Der Nationalstaat, so dachte er, bot die günstigsten Voraussetzungen für die Entwicklung des Kapitalismus, der Kapitalismus war die wichtigste Vorstufe zum Sozialismus, also mußte die Welt zuerst einmal in viele Nationalstaaten zerfallen, damit sie sehr viel später zu einer sozialistischen Weltgesellschaft werden konnte.

Muß ich noch näher ausführen, daß auch diese ökonomische Rechtfertigung des Nationalstaats in sich zusammengefallen ist? Natürlich war es notwendig, das System winziger, miteinander unverbundener Territorialstaaten, deren Grenzen alle Zollgrenzen waren, zu überwinden. Die Idee aber, daß die Entwicklung einer modernen Verkehrswirtschaft nur in zentralisierten, tunlichst gleich großen Nationalstaaten möglich sei, war schematisch und blind für die Realitäten von Bankwesen, Assekuranz, Verkehr, Handel und Industrie.

Auf vielen Feldern war es geradezu umgekehrt; der sich immer stärker durchsetzende Nationalismus zerstörte ökonomische Gemeinsamkeiten, die heutzutage, bei der Entwicklung der Europäischen Gemeinschaft, mühsam erneut aufgebaut werden müssen. Das beste Beispiel ist die gemeinsame österreichisch-ungarische Notenbank, die es bis zum Jahr 1917 gab und die die ungarischen Nationalisten natürlich für eine unzumutbare Einschränkung ihrer großartigen »Souveränität« betrachteten. Heute wären zwar nicht alle, wohl aber viele Ungarn froh, wenn sie ein Stück ihrer Souveränität in die Europäische Gemeinschaft einbringen könnten. Und so ging es mit einer ganzen Reihe anderer Institutionen des Vielvölkerstaates, die für die Entwicklung

»des Kapitalismus« sehr nützlich gewesen wären; so einem gemeinsamen Markenrecht (1890 aufgehoben), einem gemeinsamen Patentrecht (1893 aufgehoben) und einem gemeinsamen Musterschutz (1908 aufgehoben). Die europäischen Eliten – die einen betört durch eine romantische Volksgeistlehre, die anderen in Beschlag genommen von einer ökonomistischen Fortschrittsmetaphysik – zerschlugen ihre alte Staatenwelt; das Zerstörungswerk der nationalen Sendungsidee nahm seinen Lauf. Zu büßen hatten es die europäischen Völker, die, angesteckt von den Haß- und Minderwertigkeitskomplexen der politischen Klassen gegeneinander, auf allen möglichen sinnlosen Schlachtfeldern verheizt wurden.

Ich kann diesen Leidensweg der europäischen Völker jetzt nicht nachzeichnen; ich muß es wohl auch nicht, Millionen von Augen- und Ohrenzeugen leben noch unter uns. Die Prognose des französischen Adligen Alexis de Tocqueville aus den Jahren 1839/40, Europa werde dereinst von zwei Großmächten, Amerika und Rußland, bestimmt werden, begann sich schon am Ende des Ersten Weltkriegs zu erfüllen. Zwei sehr unterschiedliche historische Figuren, der idealistisch-weiche amerikanische Professor der Geschichte und Staatswissenschaften Woodrow Wilson (Präsident der Vereinigten Staaten von 1913 bis 1921) und der sich selbst zu Konsequenz und Brutalität zwingende russische Berufsrevolutionär Wladimir Iljitsch Lenin trieben die Europäer unter der Maxime des Selbstbestimmungsrechts der Völker in eine neue nationalstaatliche Struktur. Ihre Motive waren zweifellos sehr verschieden; aber die Folgerungen, die Lenins »Dekret über den Frieden« und Wilsons »Peace without victory«-Botschaft, beide im Jahr 1917 verfaßt, nahelegten, waren einander verdammt ähnlich.

Im übrigen mußte man viele europäische Staatsmänner auch zu gar nichts treiben; sie waren ganz von selbst von nationalen Ideen erfüllt, die einen von alten egoistischen Kriegszielen, die anderen von neuen Träumen einer grandiosen nationalen Zukunft, manche auch von beidem. Die Gegner des Nationalismus aber, sowohl die universalistisch-katholischen wie die demokratisch-sozialistischen waren geschwächt, erschöpft, nicht zeitgemäß.

Wenn man wenigstens mit Konsequenz – mit dem Versuch, die eigenen Prinzipien unterschiedslos gegen alle anzuwenden – vorgegangen wäre; aber davon konnte keine Rede sein. Das Selbstbestimmungsrecht sollte für diejenigen Völker gelten, die sich von den besiegten Mittelmächten bedrückt fühlten; natürlich nicht für die Kolonien der Sieger, zum Beispiel Englands und Frankreichs. In seinem berühmten 14-Punkte-Programm vom 8. Januar 1918 hatte Wilson die »autonome Entwicklung« der Völker Österreich-Ungarns verlangt, was sein eigener Außenminister Lansing sofort für unklug erklärte; der war nicht für Autonomie im alten Österreich, sondern für die Lostrennung unabhängiger Nationalstaaten. So kam es schließlich auch.

Einer Reihe von Völkern wurde das Selbstbestimmungsrecht zugestanden; den Deutschen aber nicht – wie anders wäre das Anschluß-Verbot gegen Österreich im Versailler Vertrag zu erklären? Es verstieß natürlich gegen die laut proklamierte Selbstbestimmung. Und auch die Sowjetunion, die ja in den ersten Jahren ihrer Existenz auf die halbe Welt sehr glaubwürdig wirkte, verhielt sich nach den alten Regeln der Machtpolitik. Finnland, Estland, Lettland und der Ukraine gab man die Selbständigkeit; anderen nicht. Auf dem Höhepunkt der sowjetischen Machtentfaltung war schließlich allein noch Finnland als selbständiger Staat übriggeblieben. Einen reinigenden Neuanfang, eine Katharsis, konnten diese Friedensverträge nicht herbeiführen.

Bitte beachten Sie: Ich singe hier nicht das alte deutsche Lied vom »Versailler Diktat«. Ich rede nicht von den Reparationen (bis zum 30. Juli 1931 wurden an Sach- und Barwerten 67,6 Milliarden Goldmark, etwa 18 Prozent der direkten Kriegsausgaben der Alliierten, eingetrieben). Ich rede nicht von den Auflagen für das deutsche Heer. Ich rede nur von einem: dem willkürlichen, in zahllosen Einzelfällen sinnlosen, nationalstaatlichen Schnittmuster, das bei den Pariser Vorortverträgen über Europa gepreßt wurde.

Über drei Millionen Ungarn wurden als Minderheiten in Nachbarstaaten verfrachtet, dreieinhalb Millionen Deutsche in die neu entstehende Tschechoslowakei. Bei den Südslawen warf man die Völker, die jahrhundertelang unter byzantinischer und islamischer Kultur gelebt hatten, mit denen zusammen, die nördlich der Donau zu Österreich-Ungarn und damit eindeutig zum westlichen Kulturkreis gehört hatten; die mörderischen Auseinandersetzungen, die daraus folgten, vor allem zwischen Serben und Kroaten, wurden damit geradezu programmiert. Und auch die Konstruktion des polnischen Staates, der nach rund 150 Jahren neu begründet wurde, trug von Anfang an die Keime späterer Konflikte in sich, im Westen gegenüber den Deutschen, im Osten gegenüber den Ukrainern, im Nordosten gegenüber den Litauern. Der Donauraum, dessen Einheit noch Bismarck beschworen hatte, wurde in lebensunfähige Kleinstaaten zerlegt.

Wie die großen Staatsmänner dieser Zeit zu den Minderheitenfragen standen, läßt sich an den folgenden Äußerungen ablesen.

Der französische Außenminister *Aristide Briand:* »Der Prozeß, den wir im Auge haben, zielt zwar nicht direkt auf das Verschwinden der Minderheiten, aber doch auf ihre Assimilation.«

Der Engländer *Sir Austen Chamberlain:* »Das Ziel der Minderheitenverträge besteht darin, Schutz und Gesetzlichkeit sicherzustellen, die nach und nach die Minderheiten darauf vorbereiten sollen, sich in den nationalen Gemeinschaften aufzulösen, zu denen sie gehören.«

Der polnische Ministerpräsident *Władysław Grabski* – allerdings 1919, bevor er Ministerpräsident wurde: »Es gibt eine Liebe für Volksgenossen und eine andere für Fremdstämmige. Ihr Prozentsatz bei uns ist entschieden zu hoch. Das fremde Element wird sich umsehen müssen, ob es sich anderswo nicht besser befindet. Das polnische Land ausschließlich für Polen.«

Es kam so, wie es kommen mußte. Im südslawischen Teil Bulgarisch-Mazedoniens wurden gelegentlich Kinder erschlagen, wenn man entdeckte, daß sie untereinander bulgarisch sprachen. Die Ukrainer Ost-Galiziens wurden in wilden Strafaktionen »pazifiziert«. Der jüdischen Bevölkerung in Polen und Rumänien wurde völkerrechtswidrig die Staatsangehörigkeit vorenthalten. Die Lage der Slowenen in Italien und der Russen im seinerzeitigen rumänischen Bessarabien war miserabel; zuweilen zwang man sie zum Gottesdienst in fremder Sprache. Die Juden Litauens, die Deutschen in der Tschechoslowakei und die Magyaren in Südslawien wurden in sprachenrechtlicher Hinsicht ebenso diskriminiert wie die Deutschen in Südtirol oder die Slowenen in Julisch-Venetien. Als dann die Flüchtlingswellen einsetzten, machten die Nationalstaaten, darunter auch höchst traditionsreiche, schlicht Denaturalisationsgesetze – das heißt, man sicherte sich gegen eine »Asylantenflut« ab. Das Wort stammt von heute, nicht aus damaliger Zeit; die Politik von heute ist aber nicht in diesen Tagen erfunden worden, sondern schon sehr viel früher.

Und natürlich – wir wollen die Leistungen der Deutschen niemals unter den Scheffel stellen – stammt das schamloseste Gesetz, das jemals gegen Fremde gemacht wurde, aus Deutschland. Es sind noch nicht einmal die Nürnberger Gesetze, es ist ein Gesetz über den Erwerb und Verlust der deutschen Staatsangehörigkeit des Reichs- und Preußischen Ministerium des Innern von 1938, das vorsah, daß alle Kinder von Juden, jüdischen Mischlingen oder »Personen sonst artfremden Blutes« die Staatsangehörigkeit nicht länger besitzen durften, und zwar auch dann nicht, wenn der Vater die deutsche Staatsbürgerschaft kraft Geburt besaß. Es ging bei diesem Gesetz also gar nicht mehr nur um die Juden; es ging um alle »Fremdblütigen«.

Wie wunderschön hatte alles begonnen: Am 26. Oktober 1918 hatte eine Demokratische Mitteleuropa-Union in den gleichen Räumen in Philadelphia, wo man 1787 über die Amerikanische Verfassung beraten hatte, eine noble »Erklärung der gemeinsamen Ziele der unabhängigen mitteleuropäischen Völker« verabschiedet. Tomáš G. Masaryk präsidierte in dem Stuhl, auf dem einst George Washington gesessen hatte. Es gab ein paar italienisch-südslawische und ein paar polnisch-ukrainische Querelen, aber insgesamt war doch alles sehr feierlich, sehr würdevoll und von jenem Pathos erfüllt, das immer am Anfang nationaler Wiedergeburten steht. Das Ende war schäbig. Ich frage Sie: Welche Konsequenzen ziehen wir aus diesem Ende?

Im Prinzip wurde in Jalta und Potsdam sowie bei den Friedensverträgen, die später folgten, an dem nationalstaatlichen Schnittmuster Europas nicht viel geändert. Natürlich, man schob etwas Land, ein paar politische Grundstücke hin und her. Man radikalisierte auch eine Methode, die in den Großreichen des Nahen Ostens, in Babylon und Assyrien, in den alttürkischen und tatarischen Weltreichen und später im nachpetrinischen Rußland gang und gäbe war, in Europa aber erst in den zwanziger Jahren eingeführt wurde: die Massenzwangswanderung, die Vertreibung. Stalin war sehr dafür; die nationale »Purifizierung«, wie man das gelegentlich nannte, konnte ihm gar nicht weit genug gehen, er hätte gerne auch noch die Magyaren aus der Slowakei ausgesiedelt.

Aber auch Churchill war nicht zimperlich. Im britischen Unterhaus erklärte er im Dezember 1944: »Die Vertreibung ist, soweit wir in der Lage sind, es zu überschauen, das befriedigendste und dauerhafteste Mittel. Es wird keine Mischung der Bevölkerung geben, wodurch endlose Unannehmlichkeiten entstehen, zum Beispiel im Fall Elsaß-Lothringen. Reiner Tisch wird gemacht werden.« Im nachhinein kann man sagen: Churchills »reiner Tisch« war befleckt. Ein vereintes Europa kann nur entstehen, wenn die Menschen Vermischung ertragen lernen. Wer das nicht begreift, sollte nie wieder das Wort »Europa« in den Mund nehmen.

Erlauben Sie mir hier eine Zwischenbemerkung. Diese Reden drehen sich um Europa. Wir Europäer sollten aber nicht vergessen, daß wir mit unserer nationalstaatlichen Idee inzwischen die ganze Welt beeinflußt haben. Die Aufteilung der Welt in Nationalstaaten ist ja längst kein europäischer Prozeß mehr. Wir haben unsere Ideen erfolgreich exportiert, wieder einmal. Aber haben wir damit etwas Vernünftiges bewirkt? Als Sozialdemokrat komme ich aus einer antikolonialistischen Tradition; und als Deutscher habe ich nicht den geringsten Grund, den Einfluß irgendwelcher Industriestaaten in Afrika, Asien oder Lateinamerika zu befördern oder zu unterstützen. Trotzdem frage ich mich: Sollten wir nicht zugeben, daß unsere europäische Idee des Nationalstaats inzwischen in der ganzen Welt Unfrieden stiftet?

Da ich die Zahl meiner Feinde nicht unnötig erhöhen will, führe ich die Argumentation, die jetzt notwendig wäre, nicht selber fort, sondern zitiere zwei unanfechtbare Zeitgenossen, einen Engländer und einen Franzosen. Eric Hobsbawm spricht von einer »Balkanisierung der Staatenwelt«; die Mehrheit der Mitglieder der Vereinten Nationen bestehe aller Wahrscheinlichkeit nach schon bald aus republikanischen Gebilden, die einem Sachsen-Coburg-Gotha oder Schwarzburg-Sondershausen entsprächen, und das im letzten Viertel des zwanzigsten Jahrhunderts. Die Vereinten Nationen würden sich langsam in ein Gebilde verwandeln, das dem Heiligen Römischen Reich in seinen Spätzeiten ähnele.

Und der französische Generalstabsoffizier Ferdinand Otto Miksche hat formuliert: »Es ist eines der erschreckenden Zeichen geistiger Verwirrung in unserer Zeit, daß man sich kaum noch fragt, ob es überhaupt möglich ist, völlig heterogenen ethnischen Gruppen Staaten zu bilden. Die Folge ist, daß im Namen einer zum Dogma erhobenen ›Befreiung‹ zahlreiche Gebiete der Dritten Welt verantwortungslosen Cliquen ausgeliefert wurden, die, nachdem sie sich ›selbstbestimmen‹ ließen, die Demokratie dort zu einer Farce degradierten.«

Ich bin vorsichtig, ich identifiziere mich nicht mit diesen Äußerungen. Aber richtig ist: Die Kolonialmächte hatten in der zweiten Hälfte des neunzehnten Jahrhunderts ohne Rücksicht auf die dort lebenden Völker die Grenzen ihrer Gebiete willkürlich gezogen. Viele der jetzt neu entstandenen Staaten, zum Beispiel in Afrika, bestehen aus losen Konglomeraten verschiedener Völkerschaften. In vielen dieser Länder unterdrücken die ethnischen Mehrheiten die ethnischen Minderheiten. Der Export der nationalen Idee aus Europa in andere Kontinente, zum Beispiel nach Afrika, hat schon viel Unglück erzeugt und wird noch viel Unglück erzeugen.

Kehren wir auf unseren Kontinent, nach Europa, zurück. Ich behaupte: Die Vorstellung, daß die ideale Struktur der Menschheit darin zu bestehen habe, daß jede Nation ihren eigenen Staat haben müsse, hat sich als falsch erwiesen. In Westeuropa hat dieses Konzept schlecht und recht funktioniert; in Mitteleuropa, in Osteuropa, aber auch in anderen Teilen der Welt war und ist es der Anlaß für schreckliche Katastrophen. Die Menschheit läßt sich nicht fein säuberlich, wie auf einem Schachbrett, in Nationen aufgliedern. Die Menschen leben nebeneinander, miteinander, sie überschichten sich, sie vermischen sich. Wie viele Menschen sind allein im zwanzigsten Jahrhundert umgesiedelt, rückgesiedelt, vertrieben, umgevolkt, verschleppt, germanisiert, polonisiert, russifiziert oder was immer worden? Nach dem Zweiten Weltkrieg in Europa allein zwanzig Millionen: Polen, Tschechen, Slowaken, Ukrainer, Weißrussen, Litauer, Ungarn und vierzehn Millionen Deutsche. Es muß endlich und endgültig Schluß damit sein!

Ich schließe meine Kritik der nationalstaatlichen Idee durch fünf Folgerungen ab. Sie lauten:

Erstens: Der Nationalstaat hat nicht mehr die Kraft, mit den Problemen fertigzuwerden, die sich aus der Entwicklung der Produktivkräfte, dem Stand der Technik und der Veränderung der Mentalitäten der Menschen ergeben. Wenn überlieferte Staaten den Bedürfnissen der Zeit – der Erhaltung von Umwelt und Natur, der Sicherung des Lebensstandards und der Freiheit der Bürger nach außen – nicht mehr entsprechen, muß ihre Konstruktion verändert werden. Die Europäer stehen mitten in diesem Veränderungsprozeß; sie dürfen jetzt nur nicht anfangen, sich so lange ängstlich umzudrehen, bis sie schwindlig werden und über die eigenen Füße fallen.

Die moderne Wirtschaft drängt auf großräumige Zusammenarbeit. Ein konkurrenzfähiger Wirtschaftsraum verträgt zum Beispiel keine sieben oder siebzehn geldpolitische Souveränitäten; er braucht *ein* Entscheidungszentrum, in dem über Geldmenge und Zinshöhe entschieden wird. Das heiß nicht, daß sich alle Staaten supranationalen Organisationen wie der Europäischen Gemeinschaft anschließen müssen; mancher Miniaturstaat kann glänzend leben, wenn er nur die richtige Nische im weltwirtschaftlichen Zusammenhang gefunden hat – als Finanzplatz, als Ölfeld, als Paradies für Touristen, gelegentlich sogar bloß als Spielbank, mit einem Fürsten als oberstem Croupier. Aber ein Staat, der seinen Bürgern feierlich die Freiheit verbürgt, muß sich im Falle eines Falles zur Wehr setzen können, zum Beispiel gegen ein transnationales Unternehmen. Man kann darüber streiten, wer stärker ist – Margaret Thatchers England mit seiner Trident-Waffe oder IBM. Darüber, daß die United Fruit Company jahrzehntelang stärker war als die meisten lateinamerikanischen Staaten, erübrigt sich ein Streit. Der Weg zum Territorialstaat, der alle Macht an einer Stelle zu zentralisieren suchte, hin zu komplizierten Mustern überstaatlicher Kooperation ist unausweichlich.

Bei der einstmalig klassischen Funktion des Staates, der der militärischen Sicherung, bestreitet das längst niemand mehr. Definitionen wie: »Souverän ist, wer über den Ausnahmezustand entscheidet« oder: »Souverän ist, wer über die Wehrmacht gebietet« haben beim Stand der heutigen Waffentechnik keinen Sinn mehr. Bündnisse wie die NATO sind der Beweis dafür, daß das begriffen worden ist.

Eine neue Erkenntnis dagegen, die sich allerdings nicht mehr lange wird abweisen lassen, ist das ökologische Scheitern des Nationalstaats. Schmelzende Polarkappen, überflutete Küstenregionen, zunehmende Wüstenausbreitung, Ernteschäden, Hungersnöte oder Völkerwanderungen sind nicht mehr deutsch, französisch oder holländisch bekämpfbar, sondern nur zugleich international und dezentral, regional: durch eine internationale Konvention, durch supranationale Organisationen, die unmittelbar bindende Rechtsvorschriften erlassen können (zum Beispiel die EG), durch einen Umweltrat der Vereinten Nationen und einen Klimafonds, und gleichzeitig durch die Realisierung all dieser Programme in den Feinstrukturen der regionalen und kommunalen Ebene. Die Theoretiker des Nationalstaats gebrauchten für ihr hehres Gebilde häufig einen stolzen Begriff: Der Nationalstaat müsse »impermeabel« sein, undurchdringlich. Es gibt keinen Nationalstaat, der für sauren Regen »impermeabel« ist. Die Glo-

balität der Umweltschäden ist die bisher radikalste Er-
schütterung des Nationalstaats.

Das aber heißt: Der Götze wankt. Noch vor anderthalb Jahrzehnten konnte eine »staatsführende Nation«
in irgendeiner Ecke der Welt eine Minderheit still und
leise liquidieren; die Satellitenkommunikation hat selbst
diesen Weg verstellt. Entfernungen schrumpfen; die
Methode der Abkapselung funktioniert nicht mehr.
Auch die kleinste Menschengruppe wird ihre Rechte
einfordern. Die Einteilung der Menschheit in geschichtliche und geschichtslose, in grandiose und belanglose
Nationen ist *passé*. Heute ist Realität geworden, was der
englische Staatstheoretiker Lord John Acton schon um
die Mitte des neunzehnten Jahrhunderts sagte: »Ein
Staat, der nicht zuwege bringt, mehrere Nationalitäten
zu ihrer Zufriedenheit zu verwalten, hat seine Aufgabe
verfehlt; ein Staat, der sie zu neutralisieren, aufzusau-
gen oder zu vertreiben bestrebt ist, schneidet sich den
eigenen Lebensnerv ab. Das Nationalitätenprinzip ist
ein geschichtlicher Rückschritt.« Der Lord, weiß Gott
kein heimlicher Sozialdemokrat, hat recht gehabt.

Zweitens: Das muß unsere gewachsenen Vorstellun-
gen von Staat und Souveränität verändern. Moderne
Territorialstaaten, wie sie heute als normal gelten, waren bis ins neunzehnte Jahrhundert hinein unüblich. Im
Mittelalter hat es viele Jahrhunderte lang die Konzentration der militärischen, bürokratischen und ökonomischen Herrschaftsmittel in einer politischen Hand nicht
gegeben. Die unifizierenden und zentralisierenden
Ideen eines souveränen, räumlich in sich geschlossenen
Flächenstaats kamen erst mit der Renaissance, der
Reformation und Gegenreformation auf, mit der Notwendigkeit der Überwindung des konfessionalen Bür-

gerkriegs. Wir können nicht zurück von der modernen Staatsidee zur alten Reichsidee; aber wir müssen uns von der fixen Idee lösen, der nationale Territorialstaat sei eine natürliche Ordnung. Er ist es nicht. Die Geschichte des europäischen Nationalstaats ist kurz und nicht sehr ruhmvoll. Um so erstaunlicher ist die Macht, die diese einfache, fast primitive Idee in ganz Europa noch immer ausübt.

Der nationale Territorialstaat muß nach zwei Seiten Kompetenzen abgeben: nach unten – zu den Völkern, den Regionen, den Stämmen – und nach oben, zu einem supranationalen Europa. Noch sieht diese Entwicklung harmlos aus. Der Gemeinschaftshaushalt der Europäischen Gemeinschaft beansprucht derzeit lediglich fünf Prozent des jeweiligen nationalen Budgets. Und manche der zentralistischen Staaten, Frankreich als Schulbeispiel, haben bisher Ansprüche ihrer Regionen erfolgreich abgewehrt. In Wirklichkeit ist ein Prozeß in Gang gesetzt, der die mächtigen Wesenheiten »Frankreich«, »Deutschland«, »Italien« entleert, vergeistigt, wohltuend schwächt. Für jeden Realisten ist klar, daß diese Wesenheiten noch für viele Jahrzehnte ihr Leben fristen werden. Im Grunde aber ist ein neues Staatsbildungsprinzip, eine über dem nationalen Gemeinwesen sich ausbildende föderative Struktur in Gang gesetzt. Eine lange Entwicklung kommt an ihr Ende.

Welche Kopfgeburten hat Europa schon geboren! Berühmte Juristen des öffentlichen Rechts wie James Lorimer (1877) und Johann Kaspar Bluntschli (1878) veröffentlichten Projekte einer »europäischen Gesamtorganisation«. Lorenz von Stein schlug im Jahr 1885 »im Namen der Integrität des großen europäischen Verkehrsorganismus und der konstitutionellen Einheit

Europas« eine Neutralisierung der großen Eisenbahn-
strecken Europas vor. Otto Bauer hatte sich einen
»sozialistischen Staaten-Staat«, Richard Coudenhove-
Kalergi ein »Pan-Europa« vorgestellt. Was kam, waren
zwei Weltkriege. Jetzt, am Ende des Jahrhunderts,
scheinen die alten Träume realistisch geworden; aber
nur, wenn die Europäer nicht einknicken, wenn sie nicht
zurückflüchten in das zwar stickige, ungesunde, aber
gewohnte Lebensmilieu des Nationalstaats.

Vor allem *eine* Irrlehre müssen die Europäer entschlossen bekämpfen: die Irrlehre der unbeschränkten
nationalen Souveränität. Die Idee eines grundsätzlichen
Monopols der Staatsgewalt über alle Personen und Sa-
chen, die sich im Staatsgebiet befinden, ist eine Perversi-
tät. Sie bot mit dem Instrument der »Einmischungen in
innere Angelegenheiten« einen Paravent, hinter dem
die »staatsführenden Völker« die anderen Nationen, die
Minderheiten, die Schwächeren drangsalieren, korrumpieren, assimilieren, vertreiben, in vielen Fällen auch
töten konnten.

Die Völker dieser Welt haben in den letzten Jahrzehnten erste zaghafte Schritte zur Überwindung jener
unbeschränkten nationalen Souveränität zurückgelegt:
durch Minderheitenverträge, die der Völkerbund ver-
bürgen und kontrollieren sollte, durch einen Welt-Men-
schenrechtspakt der Vereinten Nationen über bürgerliche und politische Rechte, durch die Europäische Konvention zum Schutze der Menschenrechte und Grundfreiheiten des Europarats von 1950, durch die Sicherung
von Volksgruppenrechten in zwischenstaatlichen, auch
innerstaatlichen Regelungen, durch die wachsende
Wirksamkeit internationaler Gerichtshöfe. Aber wo es
hart auf hart geht, stehen all diese Regelungen immer

noch nur auf dem Papier. Was wird mit den Kurden in der Türkei, den Türken und Pomaken in Bulgarien, den Magyaren in Rumänien, den Serben in Kroatien, den Albanern in Serbien, den Türken in Westthrazien? Was wird mit der Nordirland-Frage, was mit den kulturellen Rechten der elsässischen Volksgruppe, was mit den deutschen Volksgruppen in Polen und in der Sowjetunion? Wie blutig muß der Weg der Sowjetunion von der Föderation zur Konföderation werden? Wir haben die unbeschränkte nationale Souveränität Schritt für Schritt durch Völkerrecht begrenzt; jetzt müssen wir darangehen, dieses Völkerrecht bindend zu machen und Einrichtungen zu begründen, die in der Lage sind, ihm Geltung zu verschaffen.

Drittens: Der Abschied vom Nationalstaat verlangt als Konsequenz auch den Abschied vom Ideal einer einheitlichen, homogenen Gesellschaft. Das kann nicht heißen, daß ein Staat Werber an seine Grenzen schickt, die Fremde hereinwinken. Aber es muß bedeuten, daß man eingesessene Minderheiten als selbständige Nationen akzeptiert, die einen wichtigen Teil ihres Lebens selbständig regeln – und daß man sich von der unmenschlichen Idee der Entmischung, der »Purifizierung« des sogenannten »Volkskörpers« trennt. Und es heißt zweitens, daß ein Staat, der sich als christlich, demokratisch, human oder auch nur anständig betrachtet, bereit sein muß, einen vernünftigen, angemessenen Beitrag zur Lösung des Weltflüchtlingsproblems zu leisten.

Es versteht sich von selbst, daß kein Staat beliebig viele Flüchtlinge aufnehmen kann; daß keine Demokratie die Zustimmung ihrer Bürger dafür finden würde, wenn sie den Lebensstandard und die Lebensweise der Eingesessenen durch die Aufnahme von Flüchtlingen

dramatisch veränderte. Man darf niemals vergessen, daß
Fremdenhaß Faschismus produzieren kann; aber man
darf auch niemals verdrängen, daß ein reiches Land, das
nach der Maxime »Das Boot ist voll« operiert, sich den
Haß der halben Welt zuzieht; und mit dem läßt sich nur
eine gewisse Zeit gut leben, wie wir Deutsche lernen
mußten.

Die Idee, die alle zivilisierten Gesellschaften überwinden müssen, ist die Idee der »Unterwanderung«. Die
deutsche Bundesregierung hat sie noch im Jahr 1988 in
einer Begründung zur Novellierung des Ausländergeset-
zes formuliert. Dort wurden Zuwanderung und Dauer-
aufenthalt von Ausländern in der Bundesrepublik als
»Verzicht auf die Homogenität der Gesellschaft« gewer-
tet – und diese Homogenität sei »im wesentlichen durch
die Zugehörigkeit zur deutschen Nation bestimmt«.
Und dann kommt die berühmte Denkfigur:

»Die gemeinsame deutsche Geschichte, Tradition,
Sprache und Kultur verlören ihre einigende und prä-
gende Kraft. Die Bundesrepublik Deutschland würde
sich zu einem multinationalen und multikulturellen
Gemeinwesen entwickeln, das auf die Dauer mit entsprechenden Minderheitenproblemen belastet wäre.
Schon im Interesse der Bewahrung des inneren Friedens, vornehmlich aber im nationalen Interesse muß
einer solchen Entwicklung bereits im Ansatz begegnet
werden. Die Bewahrung des eigenen nationalen Cha-
rakters ist das legitime Ziel eines jeden Volkes und
Staates.«

Dahinter steckt die Idee: Das Fremde, das »Hetero-
gene«, muß unterdrückt werden. Vermischung zerstört
die eigene »Identität«, Vermischung ist »Volkstod«, sie
erzeugt eine andere, falsche, unreine Legierung. Wer

dieses Konzept beibehält, muß die europäische Integration aufhalten; denn sie bringt über die Niederlassungsfreiheit selbstverständlich eine stärkere Vermischung. Er müßte in vielen europäischen Gesellschaften das allmähliche Aussterben der betreffenden Völker riskieren; oder gigantische bevölkerungspolitische Programme auflegen. Und er müßte schließlich die Chuzpe aufbringen, eine immer weniger genutzte moderne Infrastruktur mit immer schärferen Hunden zu bewachen wie etwa den riesigen Park eines Großgrundbesitzers gegen die angrenzenden Slums in den Randbezirken einer lateinamerikanischen Großstadt. Wer sich einbildete, dies alles tun und gleichzeitig mit seiner Umwelt friedlich leben zu können, wäre ein Narr.

Natürlich ist Assimilation dort, wo sie freiwillig erfolgt, begrüßenswert, oft wohl auch unvermeidlich. Wenn im Jahre 1995 in deutschen Großstädten vierzig Prozent der Jugendlichen Ausländer sein werden, wird es unvermeidlich sein, alles zu tun, um Zweisprachigkeit zu erreichen. Schon Lenin hat das Problem von Einwanderungsländern gesehen. »Der Staat New York«, schrieb er, »in dem es über 78000 Österreicher, 136000 Engländer, 20000 Franzosen, 480000 Deutsche, 37000 Ungarn, 425000 Iren, 182000 Italiener, 70000 Polen, 166000 Einwanderer aus Rußland, 43000 Schweden und so weiter gibt, gleicht einer Mühle, die die nationalen Unterschiede vermahlt.« Man muß ihm nicht folgen, wenn er das als einen »gewaltigen geschichtlichen Fortschritt« bezeichnet, weil es »die Beseitigung der nationalen Verknöcherung der verschiedensten Krähwinkel« sei; das ist die alte Verkennung der Kraft der nationalen Identität.

Daß ein Einwanderungsland aber in einer Großstadt

nicht Schulen siebzehnerlei Sprachen anbieten kann, muß jeder verstehen. Und daß es bestimmte Elemente fremder Kulturen auch kritisch bewerten darf, muß sein gutes Recht bleiben. Wir Deutschen müssen der türkischen Minderheit, die wir selbst ins Land gebeten haben, die Ausübung ihrer Religion, die Pflege ihrer Sprache, das Leben in ihren Traditionen ermöglichen. Aber wir dürfen durchaus darauf bestehen, daß es bei uns eine Trennung von Staat und Kirche gibt, daß die Frauen bei uns als eigenverantwortliche Menschen angesehen werden und daß ein Recht auf freie Meinungsäußerung existiert; sogar für Schriftsteller wie Salman Rushdie. Jede Gesellschaft braucht einen Grundkonsens. Vom Ziel gesellschaftlicher Integration auf der Grundlage allgemeingültiger Normen wollen wir nicht Abschied nehmen.

Wohl aber, und das für immer, vom Konzept der Germanisierung, der Polonisierung, der Russifizierung, der Italienisierung. Wir müssen sie bannen, die ganze Latte der alten Tricks: Lehrpläne manipulieren, die Religionsausübung behindern, Ortschaften und Stadtteile unterwandern, Beamtenstellen gezielt besetzen, Aufstiegschancen nach nationalen Kriterien ausrichten. Das wird indes verlangen, daß wir einen großen Lernprozeß in Gang setzen. Zum Beispiel: Wer für die deutsche Minderheit in Polen eintritt, der muß auch für die türkische Minderheit in Berlin eintreten – und umgekehrt. Oder: Die Kinder eines ostpolnischen Zuwanderers, den es 1945 nach Oberschlesien verschlagen hat, empfinden Oberschlesien genauso als ihre Heimat wie die Kinder jener deutschen Oberschlesier, deren Familien schon seit Jahrhunderten in Oberschlesien leben. Da dürfen wir nicht anfangen, die Einwurzelung mit dem Rechenschieber zu bestimmen: Braucht's eine Generation, zwei oder drei? Die Trennung von der Vorstellungswelt des ein-nationalen Staates wird eine gewaltige Kraftanstrengung von uns fordern. Aber wir werden in Europa nur Frieden bekommen, wenn wir uns diese Anstrengung zumuten.

Viertens: Es hat sein Gutes, daß sich das Selbstbestimmungsrecht der Völker vom politischen Prinzip Schritt für Schritt zu einer Norm des Völkerrechts verfestigt. Inzwischen ist es auch in der Schlußakte der Konferenz für Sicherheit und Zusammenarbeit in Europa (KSZE) verankert: »Kraft des Prinzips der Gleichberechtigung und des Selbstbestimmungsrechts der Völker haben alle Völker jederzeit das Recht, in voller Freiheit, wann und wie sie es wünschen, ihren inneren und äußeren politischen Status ohne äußere Einmischung zu bestimmen und ihre politische, wirtschaftliche, soziale und kulturelle Entwicklung nach eigenen Wünschen zu verfolgen.« Die Frage ist nur, was das bedeutet: Wer ist das »Selbst« des Selbstbestimmungsrechts? Und wie geht die Selbstbestimmung vor sich? Die Politiker und Diplomaten benutzen die Formel in aller Regel wie die Menschen, die in Musils berühmtem Roman »Der Mann ohne Eigenschaften« in Diotimas Salon debattieren: »Sie hatten in nichts unrecht, weil ihre Begriffe so unscharf waren wie Gestalten in einer Waschküche.«

Wir müssen uns aus der Vorstellungswelt des Nationalstaats befreien; also auch von der Einfachstformel des Selbstbestimmungsrechts der Völker, wie es Wilson und Lenin gebraucht haben. Der große Revolutionär, von dem sich jetzt alle distanzieren, hat definiert, »daß die Selbstbestimmung der Nationen keine andere Bedeutung haben kann, als politische Selbstbestimmung, staatliche Selbständigkeit, Bildung eines Nationalstaates«. Das führt zu spaltungsversessenem Nationalismus. Das Recht, den eigenen politischen Status zu bestimmen, ist keineswegs gleichzusetzen mit einer Pflicht, die bisherige staatsrechtliche Stellung der eigenen Gruppe zu ändern. Es ist schon gar nicht das schlichte Recht auf einen eigenen Staat.

Selbstbestimmung ist nicht Lostrennung. Selbstbestimmung heißt Abwägung; eine Abwägung, an der nicht nur das Volk beteiligt werden kann, das unabhängig werden will, sondern die betroffene Völkergemeinschaft. Bleibt ein Staat durch die Lostrennung eines Volkes – ich rede der Einfachheit halber jetzt nur von Völkern, deren eigenständiger Charakter unumstritten ist – lebensfähig? Erhöht die Lostrennung die Gewaltanwendung in der Region oder senkt sie sie ab? Wer sich solche Fragen nicht zu stellen wagt, mißbraucht die feierliche Formel vom Selbstbestimmungsrecht der Völker zu sinnloser Demagogie.

Die Ausübung des Selbstbestimmungsrechts durch eine Gruppe *kann* Loslösung bedeuten; eine erfolgreiche, Frieden stiftende Abtrennung war die Norwegens von Schweden 1905. Sie *kann* in anderen Fällen darin bestehen, daß ein Volk gegen ausreichende Garantien auf eine Änderung seiner bisherigen staatlichen Zugehörigkeit verzichtet. Als die Bürger des Tessins sich 1798 gegen den Anschluß an die eigene italienische Sprachgruppe und für die Schweiz entschieden, dürften sie ihre Kinder und Kindeskinder damit nicht unglücklich gemacht haben. Das Selbstbestimmungsrecht der Völker verpflichtet uns keineswegs, für die Loslösung Nordirlands von Großbritannien einzutreten; gleichzeitig könnte die Anwendung dieser Maxime nach langwierigen Verhandlungen durchaus zur erneuten Selbständigkeit der baltischen Staaten führen. Die Formel des »Selbstbestimmungsrechts der Völker« ist nicht leer, sinnlos, unbrauchbar; aber auch kein Zauberstab, kein Patentrezept, kein Universalschlüssel.

Daß das Selbstbestimmungsrecht noch keine durchgesetzte Norm des Völkerrechts ist, sieht man am deutschen Fall. Noch 1961 formulierte ein hochrangiger Kreis deutscher Verfassungsjuristen, daß »die Annahme der Theorie vom Bestehen zweier deutscher Staaten die Grundlagen der Vereinten Nationen in Frage stellen« würde. Wer hat sich daran gekehrt? Die reale Situation war so: Als sich die Menschen in der DDR für die Vereinigung der beiden deutschen Staaten entschieden, war das ihr gutes Recht. Eine große Mehrheit der Deutschen in der Bundesrepublik hat diese Entscheidung akzeptiert. Die – mit Deutschland in Verträgen verbundenen – Nachbarn taten, nach einigem Zögern, dasselbe. Also konnte diese Vereinigung stattfinden – aber nicht als selbstverständlicher Ausfluß des Selbstbestimmungsrechts der Völker, sondern als Ergebnis eines politischen Prozesses. Es ging bei der Entscheidung über die Zukunft der Deutschen nicht nur um die Deutschen; es ging um Europa. Deswegen waren auch nicht nur die Deutschen an dieser Entscheidung zu beteiligen. In einer Welt, in der die Entscheidung jedes einzelnen Volkes viele andere Völker betrifft, müssen Wünsche, Interessen, Sehnsüchte gegeneinander abgewogen werden. Das Selbstbestimmungsrecht ist in seinen unterschiedlichen Anwendungsformen vom politischen Prinzip bis zur Völkerrechtsnorm zu wichtig, als daß wir zulassen dürften, daß es als *cantus firmus* eines neuen Nationalismus mißbraucht wird.

Fünftens: Meine letzte Folgerung heißt: personelle

Autonomie. Auch das nicht als Königsweg, als ein immer und überall die Konflikte lösendes Modell. Aber
wenn die Zukunft Europas nicht in einem strukturlosen
Nebeneinander rivalisierender Nationalstaaten liegt,
sondern in einem Europa der Regionen, in einer zugleich überethnischen und föderalistischen Ordnung,
dann muß eine Möglichkeit gefunden werden, sowohl
den Bedürfnissen nach übernationaler Kooperation als
auch nach nationaler Individualität Raum zu schaffen.
Dann darf Europäisierung nicht Beseitigung der Verschiedenheit, sondern muß Ausschöpfung der Eigentümlichkeiten bedeuten. Dann müssen wir in einem viel-
fältig durchmischten Europa die einfache Formel *one
man – one vote* überwinden, müssen unsere simplizisti-
sche nationalstaatliche Organisation den komplizierter
werdenden gesellschaftlichen Strukturen anpassen. Im
ethnisch homogenen Staat kann die Opposition von
heute durch Überzeugung und Beeinflussung morgen
Regierung werden. Im ethnisch gemischten Staat
besteht die Gefahr, daß die Minderheit diese Chance
niemals bekommt.

Also müssen wir unsere Staatsorganisation zum zwei-
dimensionalen System einer Föderation von Territorien
und Personenverbänden verfeinern. Ich habe den Ursprung dieser Idee schon geschildert. Sie stammt aus
dem vielfältigen Völkergemisch des Donauraums; die
präziseste Formulierung gab ihr Karl Renner. Die Stichworte lauten: Mitregierung, Selbstregierung auf territo-
rialer Grundlage, Minderheitenveto, nationale Sektio-
nierung, Konkordanz-Demokratie – oder wie immer
man das Prinzip nennen mag. Ich meine jedenfalls die
Entschlossenheit, den Entmischungs- und Purifizie-
rungswahn endgültig auszurotten und Mittel und Wege

zu schaffen, daß unterschiedliche Völker und Volksgruppen auf dem gleichen Stück Erde friedlich bei Ent-
faltung ihrer sprachlichen und kulturellen Persönlichkeit
zusammenleben können. Ich meine die Bannung des
Prinzips *cuius regio eius lingua.*

Ich kenne natürlich die verächtlichen Einwände der
Nationalstaatler: Was für ein kompliziertes, teures, ver-
schachteltes System! Es sind immer noch die Einwände
Lenins, auch wenn sie von rechts kommen, das Effi-
zienzdenken der Fortschrittler. Wo, zum Teufel, werden
sie fragen, hat so ein System jemals richtig funktioniert?

Ich antworte darauf polemisch: Verglichen mit der
Tollkühnheit, die Nationalisten an den Tag legen, wenn
sie sich einbilden, Volksgruppen und Minderheiten in
der heutigen Zeit einfach disziplinieren zu können, ist
das Risiko für die Anhänger der personellen Autonomie
gering. Nicht zu reden von dem Mut, den sozialistische
Ökonomen aufbringen mußten, die siebzig Jahre lang
einer effizienten Planwirtschaft hinterhergelaufen sind.
Es gibt historische und aktuelle Beispiele für personelle
Autonomie: in Mähren 1905, in der Bukowina 1910, in
Estland 1925, in der Ukraine in der kurzen Frist der
Unabhängigkeit, aber auch in Kanada, in Belgien, in
Finnland und anderswo. Noch gilt der Nationalstaat als
»normal«. Ich prophezeie aber, daß seine »Normalität«
in den nächsten Jahren Mord und Totschlag hervorrufen
wird: in Mitteleuropa wie in Afrika, im Nahen wie im
Fernen Osten.

Die Deutschen mögen sich zurücklehnen; zu der kleinen Gruppe der Sorben, so sagen die Nationalstaatler,
werden wir großzügig sein, und die Migranten sind ja
(nach alter nationalistischer Manier) keine Bürger, sie
sind nur »Gäste«. Schon das ist katastrophal falsch. Wie

aber sollen die Lösungen in Irland, in Rumänien, im Kosovo, in Palästina oder in Südafrika aussehen? Wer eine Renaissance des Nationalstaates fördert oder auch nur duldet, wird Mitschuld tragen an Hunderttausenden von Toten. Die Europäer haben den Nationalstaat erfunden und damit viel Leid über die Menschheit gebracht. Sie hätten allen Grund, jetzt seine Überwindung aufs Programm zu setzen, allerdings in dem bitteren Bewußtsein, daß ein Homunkulus noch nicht aus der Welt ist, wenn man bedauert, ihn in die Welt gesetzt zu haben.

FÜNFTE REDE

Die Identität
des größeren Deutschland

Mein heutiges Thema ist Deutschland, ich könnte auch sagen: die deutsche Sehnsucht nach der Normalität. Denn es ist so: ein Teil von uns Deutschen – ich vermute: der kleinere – hat schon Schwierigkeiten mit dem *Wort* Deutschland. Es kommt daher, als repräsentiere es eine ungebrochene Tradition; und genau mit dieser Lüge wollen viele von uns nicht leben. Die anderen aber sind, je weiter der Prozeß der Vereinigung der DDR und der Bundesrepublik voranschritt, immer ungeduldiger geworden. Die Deutschen müßten endlich ihre Neurose ablegen, ihren Drang zur Selbstbezichtigung. Ein selbstverständlicher Nationalstolz müsse her, ohne Überhebung, ohne verquälte und überzüchtete Minderwertigkeitskomplexe. Man denke an den Kult der amerikanischen Flagge, die Zeremonie der französischen Demokratie, den Heroismus der von der nationalen Idee imprägnierten polnischen Seele.

Nun, mit dem Entstehen des größeren Deutschland, tritt dieser Streit in sein entscheidendes Stadium. Die Frage ist: Wird es uns Deutschen gelingen, einen gemeinsamen Bestand an Ideen, Interessen, Traditionen und Riten zu definieren, den die große Mehrheit akzeptiert? Oder bleiben wir das, was wir lange waren: ein Volk, dem der Zement des Empfindens einer gemeinsamen Identität fehlt und das deshalb reizbar, konfliktuös und gelegentlich unzuverlässig ist?

Ich weiß nicht, ob das Vorhaben sinnvoll ist, ein vernünftiges Gespräch zwischen jenen beiden Teilen unseres Volkes in Gang zu setzen. Ich weiß nur, daß auch der neuerliche Versuch eines größeren Deutschland gefährdet ist, wenn nicht wenigstens ein Minimalkonsens zwischen Weltbürgerlichkeit und Nationalgesinnung, zwischen einer neuen europäischen Identität und einem neuen deutschen Patriotismus zustande kommt. Kraß gesagt: Ein Staat, in dem die einen eine Hymne hochhalten und die anderen immer dann, wenn sie gespielt wird, auf die Tische urinieren, wird am Ende auch seine Arbeitslosen im Stich lassen müssen. Aber selbst wenn man von allzu expressiver politischer Symbolik absieht: Ein Volk, das gemeinsam handeln will, braucht ein einigermaßen unbestrittenes Wir-Bild. Die Frage ist: Werden die Deutschen die notwendige Kraft zur Erinnerung, zur Selbstdistanzierung und zur Zukunftspolitik aufbringen, um sich ein solches Wir-Bild zu erarbeiten?

Die Sache müßte nicht aussichtslos sein. Reden über »Deutschland« (oder über »Amerika«, »Frankreich«, »Polen«) werden im allgemeinen gehalten, wenn die Lage kritisch, wenn das betreffende Volk im Abstieg ist. Aber wir, davon sind wir doch überzeugt, befinden uns derzeit im Aufstieg. Deutschland wird wieder größer, nicht kleiner, wirtschaftlich stärker, nicht schwächer, politisch unabhängiger, nicht abhängiger. Wie wäre es, wenn wir solch einen historischen Moment zur Überraschung all unserer Nachbarn nicht zu feierlichem Egoismus, sondern zu kluger Selbstbeschränkung nutzten? Wenn wir die alten Ängste der alten Gegner einfach Lügen straften? Wenn wir eine der seltenen Gelegenheiten, bei denen wir nicht übereinander herfallen müssen, um zu klären, wer am gegenwärtigen Unglückszustand unserer Gesellschaft schuld sei, beim Schopfe nähmen, um verständig miteinander zu reden?

Dazu will ich einen Versuch unternehmen. Ich beginne natürlich, wie in jeder ordentlichen Verhandlung üblich, nicht mit den Konzessionen der Gegenseite, sondern mit der Darlegung der eigenen Bedingungen für die Diskussion. Wenn ich meinen Vorschlag auf eine knappe Formel bringen sollte, dann würde ich sagen: nicht Bismarckismus, sondern Hollandisierung. Mein Plädoyer an die national gesinnten Deutschen würde sich sicher so anhören:

Verstehen Sie bitte, würde ich sagen, daß unsereiner das neue, größere Deutschland nicht in die Tradition der Bismarckschen Reichsgründung stellen kann. Das hat nicht nur mit dem Gebietsstand des damaligen und des zukünftigen Deutschland zu tun; das auch. Über diesen Gebietsstand haben wir uns ja inzwischen, wenn auch in mühseliger Prozedur, geeinigt. Wir haben anerkannt, daß die Gebiete östlich von Oder und Neiße auf Dauer zu Polen gehören sollen; nicht weil das »gerecht« wäre, sondern weil es vernünftig ist. Im übrigen hoffen wir, in Europa den Grenzen jeden trennenden Charakter nehmen zu können. Über dieses Thema müssen wir uns also nicht mehr streiten.

Streiten sollten wir uns auch nicht über unsere Gefühle. Martin Walser hat ein Geschichtsgefühl, das sich an Leipzig, Dresden und Magdeburg entzündet. Er findet es selbstverständlich, sogar »natürlich«, daß die Deutschen aus diesen Städten und aus – sagen wir – Hannover, Konstanz und Oberammergau zusammengehören. Ich finde das weniger selbstverständlich als er. Ich kann nämlich nicht vergessen, wie der Preuße Bismarck die Deutschen der ehemaligen österreichisch-ungarischen Monarchie aus seinem kleindeutschen Einheitsstaat herausgehalten hat: durch Krieg. Die »Geteiltheit des deutschen Volkes« ist für mich keine Erfindung von Roosevelt, Stalin und Churchill, sondern eine historische Tatsache, mit der die Deutschen seit dem Spätmittelalter leben. Aber das mag ein Streit zwischen Böhmen und Alemannen sein; begraben wir ihn.

Ich lege nur Wert darauf, daß wir uns klar darüber sind, was wir jetzt tun: Wir organisieren nicht die »Wiedervereinigung« eines Volkes, das Jahrhunderte oder gar Jahrtausende zusammengelebt hat, sondern wir schieben zwei Gesellschaften zusammen, die jetzt vierzig Jahre auseinander waren, vorher fünfundsiebzig Jahre einer gemeinsamen Geschichte aufwiesen und davor Jahrhunderte in hübsch getrennten Staaten lebten. Ich sage das nicht, um irgendeine Art von Geringschätzung dafür zum Ausdruck zu bringen, daß einige Millionen Menschen, die Verwandte im jeweils anderen Staat haben, nun wieder problemlos miteinander in Verbindung treten können. Aber ich sage es, um zu verhindern, daß wir den Neuanfang wieder mit einer Geschichtslegende belasten.

Wir kehren nicht zurück in das Vaterhaus, das seit mythischen Zeiten immer an derselben Stelle stand und immer derselben Familie Lebensmitte und Heimat war. Es ist prosaischer: Wir erweitern an derselben Stelle, an der manche von uns schon einmal gewohnt haben, ein Haus, das eine noch sehr ordentliche Bausubstanz aufweist; kein Neubau also, sondern ein Umbau. Ich beschreibe den Vorgang bewußt trocken und ohne lyrische Töne. Das ist nämlich der erste Punkt, über den wir uns einig werden sollten: Allzuviel Lyrik hat in der deutschen Geschichte immer zu Mord und Totschlag geführt. Deshalb empfehlen sich kurze Sätze, Fachausdrücke und der glanzlose Stil des *understatement*.

Ja, die Deutschen in ihrem jetzt größer werdenden Staat werden ein Wir-Bewußtsein brauchen. Das muß sich selbstverständlich auf Züge deutscher Geschichte beziehen: von den Leistungen der stadtbürgerlichen Patrizier in den Freien Reichsstädten über die Reformen des Grafen Montgelas in Bayern und des Freiherrn vom Stein in Preußen bis zur Erkämpfung des Acht-Stunden-Regelarbeitstages durch die Arbeiterbewegung und zum Bonner Grundgesetz. Aber der absolut gesetzte Nationalstaat des Bismarck-Reichs darf nicht Pate stehen bei dieser neuen deutschen Identität. Es hat natürlich keinen Zweck, ihn zu verleugnen; ein Volk besteht wie ein Mensch aus seiner ganzen Geschichte. Aber dieses Stück Geschichte darf nicht Anknüpfungspunkt, Berufungsfall oder gar Leitbild für unseren neuen Patriotismus werden.

Dabei reite ich nicht ohne Grund auf dem Thema Bismarckismus herum. Ich wittere nämlich, daß einige unserer Kulturdeuter – im Ausland wie im Inland – dabei sind, die beiden geschichtlichen Prozesse miteinander zu vergleichen; nicht gerade Kohl mit Bismarck, wohl aber die nationalstaatliche Ausprägung, die Gründerjahre, die Formen der sozialen Modernisierung, die Instrumente der außenpolitischen Absicherung. Die Formel vom »Vierten Reich« ist nur die polemischste, bösartigste der Varianten dieses Denkens; auch die gutgläubigen, bewundernden sind gefährlich. Wir müssen uns gegen dieses Denken immunisieren.

Das neue, größere Deutschland, das gerade entsteht, darf kein Nationalstaat im Sinne des Bismarck-Reichs werden. Dieses Reich hatte französischsprechende Minderheiten im Westen, dänischsprechende im Norden und slawische Minderheiten – Slowinzen, Kaschuben, Masuren, Wenden, polnische Schlesier – im Osten. Und während Preußen seine Minderheiten behutsam behandelt hatte, begann nach der Reichsgründung der Germanisierungsschub. In den »Bestimmungen über den Unterricht in der deutschen Sprache in den von Kindern polnischer und litauischer Zunge besuchten Volksschulen der Provinz Preußen« vom 24. Juli 1873 hieß es:

»In allen Lehrgegenständen ist die Unterrichtssprache die deutsche. Ausgenommen hiervon ist nur der Unterricht in der Religion, einschließlich des Kirchenliedes, auf der Unterstufe. Das Polnische respektive Litauische darf nur soweit zur Hilfe genommen werden, als zum Verständnis des Lehrgegenstandes für die Kinder unerläßlich ist ... Der Unterricht im polnischen respektive litauischen Lesen und Schreiben tritt bei nicht-deutschen Kindern erst auf der Oberstufe ein. Bei Schulen mit überwiegend deutschen Kindern kann auf specielle Anordnung der Könglichen Regierung dieser Unterricht ganz wegfallen.«

Wir, die Deutschen von heute, müssen dafür sorgen, daß die Kinder der bei uns lebenden sprachlichen Minderheiten niemals mit solchen Bestimmungen traktiert werden.

Wir müssen auch sorgfältig darauf achten, daß bei uns – anders als im Bismarck-Reich – Wirtschaftskrisen nicht zur Hegemonie bornierter Wirtschaftsinteressen führen. Die meisten von uns haben ja verdrängt, daß dieses Reich in seinen ersten zwei Jahrzehnten, von 1873 bis 1896, von einer schweren Depression heimgesucht war. Eine vergleichbare Entwicklung, wenn auch hoffentlich eine sehr viel kürzere, kann auch dem jetzt entstehenden Deutschland blühen. Im Ersten Reich führte die Krise zu einer Schwächung und Zersetzung des politischen Liberalismus und zum Aufstieg der agrarkapitalistischen Führungsschicht, die später eine so verhängnisvolle Rolle in Deutschland gespielt hat. Zuerst wurde das »mobile Kapital« zum großen Feind erklärt; später waren es die Juden. Das Ergebnis war schließlich, nach 1879, eine Kerntruppe staatserhaltender Schichten, die sich aus den Großgrundbesitzern, den »entliberalisierten« Epigonen der aristokratisch-ständischen Herrscherklassen der vorindustriellen Gesellschaft – Offizierskorps und höhere Regierungsbürokratie – sowie einem Teil der industriellen Plutokratie unter Führung der westdeutschen Schwerindustriellen zusammensetzte.

Diese besondere Koalition hat in Deutschland niemals mehr eine Chance; aber daß eine vermeintliche Blamage der liberalen Wirtschaftsordnung nicht wieder zu einem politischen Rechtsruck führt, dafür werden wir sorgen müssen. Die Überleitung der ostdeutschen Planwirtschaft in die westdeutsche Marktwirtschaft ist ein komplizierter Prozeß ohne Vorbild; und tollkühn-naßforsch inszeniert. Es besteht also durchaus Anlaß, aus der Geschichte der ersten deutschen Einigung für spätere deutsche Einigungen zu lernen.

Der bedeutende Wirtschaftshistoriker Hans Rosenberg hat die Zeit von 1873 bis 1896 mit ihren drei kurz aufeinanderfolgenden zyklischen Krisen als ein »Zeitalter der Neurose« bezeichnet. Sie endete – Fichte, Arndt und Jahn mögen mir die Fremdwörter verzeihen – in Xenophobie und Paranoia, also in Fremdenhaß und einer Art politischem Irrsinn. Den nationalgesinnten Deutschen, die das alles für gräßlich übertrieben halten und dazu neigen, als »Vergangenheitsbewältigung« eine

Distanzierung von Adolf Hitler für ausreichend zu halten, zitiere ich zwei kennzeichnende Belegstellen deutschen Geistes. Es handelt sich um die Äußerung des wirksamsten Historikers seiner Zeit, Heinrich von Treitschke, zur Judenfrage und um einen kurzen Ausschnitt aus einem überaus erfolgreichen Unterhaltungsroman aus dem Jahre 1912, in dem der populäre bürgerliche Schriftsteller Walter Bloem seinen Leserinnen und Lesern das wunderbare Erlebnis des siegreichen Krieges von 1870/71 vorführt.

Zur Judenfrage gab es Tausende Flugblätter und Zirkulare, die weit drastischer formulierten als das, was ich Ihnen jetzt vorführe. Heinrich von Treitschke hielt immerhin noch an der Unterscheidung zwischen »guten« und »schlechten« Juden fest. Er sagte 1879:

»Die Zahl der Juden in Westeuropa ist so gering, daß sie einen fühlbaren Einfluß auf die nationale Gesittung nicht ausüben können; über unsere Ostgrenze aber drängt Jahr für Jahr aus der unerschöpflichen polnischen Wiege eine Schar strebsamer Hosen verkaufender Jünglinge herein, deren Kinder und Kindeskinder dereinst Deutschlands Börsen und Zeitungen beherrschen sollen. Was wir von unseren israelitischen Mitbürgern zu fordern haben, ist einfach: Sie sollen Deutsche werden, sich schlicht und recht als Deutsche fühlen – unbeschadet ihres Glaubens und ihrer alten heiligen Erinnerungen, die uns Allen ehrwürdig sind; denn wir wollen nicht, daß auf die Jahrtausende germanischer Gesittung ein Zeitalter deutsch-jüdischer Mischkultur folge. Ich behaupte, daß in neuester Zeit ein gefährlicher Geist der Überhebung in jüdischen Kreisen erwacht ist.«

Walter Bloem schildert die Begegnung deutscher Truppen mit französischen Freischärlern im Einigungskrieg von 1870/71; solche Widerstandskämpfer nannte man damals »Franktireurs«:

»Die Franktireurs rannten auf Tod und Leben. Da stolperte einer, eine Sekunde später schoß Georgs Rappen neben dem Liegenden vorbei; nur ein Schwadronshieb seines Degens traf den vorgehaltenen Arm, hinter dem eine stiere Fratze der Wut und Todesangst sich barg. Es war ein Weib.

Nun wurden sie alle drei mit Riemen aneinander gebunden, das Frauenzimmer und die beiden Piesangs, und dann gings im flotten Trabe weiter, die Gefangenen mußten laufen, daß ihnen die Zunge zum Halse heraushing, wollten sie nicht zu Tode geschleift werden. Und die Ulanen sparten nicht an Püffen, Fußtritten, Genickstößen mit dem Lanzenschaft, auch das Weib bekam sein Teil. Man hatte längst verlernt, zwischen Mensch und Vieh zu unterscheiden. Ein gefangener Feind war nichts als eine wilde tückische Bestie.«

Das bedeutet: der mühsam gezüchtete, lange vorbereitete deutsche Nationalismus, der vom Jahr 1807 seinen Ausgang nahm, die militärischen Siege der Jahre 1864, 1866 und 1870/71 und die deutsche Einigung hatten einen tiefgehenden Wandel in der Einstellung weiter bürgerlicher Schichten in Deutschland verursacht. Schillers »Seid umschlungen, Millionen« wurde durch einen nackten Rundum-Egoismus der Nationen ersetzt. Muß ich noch von der Brutalität gegen den »inneren Feind«, vom Sozialistengesetz reden? Bismarck, der antinationalistische preußische Legitimist, wurde zur Leitfigur der »Holding des deutschen Vorkriegs-Nationalismus« gemacht (Eckart Kehr). Die Leute des Alldeutschen

Verbandes oder des Deutschen Flottenvereins bauten Bismarck-Türme auf die Anhöhen des protestantischen Deutschland.

Das Gesamturteil über diesen Staat sprach 1945 Thomas Mann in seiner schon zitierten Rede über Deutschland und die Deutschen: »Dies eben war das Charakteristische und Bedrohliche: Die Mischung von robuster Zeitgemäßheit, leistungsfähiger Fortgeschrittenheit und Vergangenheitstraum, der hochtechnisierte Romantizismus. Durch Kriege entstanden, konnte das unheilige Deutsche Reich preußischer Nation immer nur ein Kriegsreich sein. Als solches hat es, ein Pfahl im Fleische der Welt, gelebt, und als solches geht es zugrunde.« Ich füge hinzu: Wir wollen dieses Reich nicht wiederbeleben.

Mit dieser Feststellung aber komme ich an den Punkt, wo ich Argumente der national gesinnten Deutschen aufnehmen muß, wenn ich mein Angebot zu einem vernünftigen Gespräch über einen neuen deutschen Patriotismus aufrechterhalten will. Das Elend der europäischen Geschichte im zwanzigsten Jahrhundert, werden sie sagen, ist doch nicht allein von den Deutschen angerichtet worden. Das ist unbestreitbar richtig. Dieses Elend ist eine Folge der nationalistischen Verengung des europäischen Geistes und des borniertengen Gegeneinanders teils lebensfähiger, teils lebensunfähiger, teils echter, teils scheinbarer Nationalstaaten.

Ich zitiere einen Franzosen, Offizier der Ehrenlegion, als Planungsoffizier im persönlichen Stab von de Gaulle an der Vorbereitung der Normandie-Landung beteiligt, später Mitglied des Generalstabs der französischen Armee, Professor und Militäringenieur, Ferdinand Otto Miksche. Er sagte über den Ersten Weltkrieg:

»In einem nur schwer aufteilbaren Maß waren für den Ausbruch des Ersten Weltkriegs alle Großmächte verantwortlich, und die deutsche Kriegsschuld dürfte kaum größer gewesen sein als die der anderen. Schuld am Krieg trugen alle: die Regierungen und ihre Staatsmänner, die Generalstäbe und schließlich auch die breiten, damals kriegslüsternen Völkermassen selbst. Zur Sicherung des Friedens, das heißt der vermeintlichen Interessen der Nationen, wurde Europa nach und nach mit Bündnissystemen überzogen, die Minenfeldern ähnelten. Die Explosion einer Mine mußte sich zwangsläufig auf die anderen übertragen.«

Und dann komme ich Ihnen mit einer englischen Sonntagszeitung, dem *Sunday Correspondent*. Nach der Öffnung der Mauer schrieb dieses Blatt:

»Wir müssen jetzt ehrlich über die deutsche Frage sein, so unbequem sie auch für die Deutschen, unsere internationalen Partner und uns selbst sein mag. Die Frage bleibt in der Essenz die gleiche. Nicht, wie wir es verhindern, daß deutsche Panzer über die Oder oder die Marne rollen, sondern wie Europa mit einem Volk fertig wird, dessen Zahl, Talent und Effizienz es zu unserer regionalen Supermacht werden läßt. Wir sind 1939 nicht in den Krieg eingetreten, um Deutschland vor Hitler oder die Juden vor Auschwitz oder den Kontinent vor dem Faschismus zu retten. Wie 1914 sind wir für den nicht weniger edlen Grund in den Krieg eingetreten, daß wir eine deutsche Vorherrschaft in Europa nicht akzeptieren konnten.«

Ich denke, es gibt in Deutschland derzeit keine ins Gewicht fallende politische Gruppierung, die bestreitet, daß Adolf Hitler und sein Regime verbrecherisch waren und daß das deutsche Volk in seiner erdrückenden Mehrheit diesem Mann und seiner Führungsclique mehr als ein Jahrzehnt ziemlich blindlings folgte. Die Gedanken und Taten des Dritten Reiches will niemand von Belang in eine neue deutsche Identität einbringen. Manche würden das Dritte Reich gerne vergessen machen; das muß man verhindern. Man darf auch jenen deutschen Konservativen nicht nachgeben, die »aus dem Schatten Hitlers treten« wollen; es darf kein deutsches Geschichtsbild mehr geben, in dem Auschwitz als Verbrechen unter Verbrechen gehandelt wird; gleichgültig übrigens, ob dort zwei oder sechs Millionen Juden vergast worden sind. Aber über den Kern des Problems brauchte man in Deutschland bisher nicht zu streiten; und muß es auch in Zukunft hoffentlich nicht: Der Nazismus hat auf der Ebene der Werte nichts Überlieferungsfähiges hervorgebracht außer dem tiefen Erschrekken über das Zerstörungs- und Selbstzerstörungspotential des Menschen.

Wer aber diese Erkenntnis nicht leugnet, wer bereit ist, sie zu einer Grundlage seines politischen Denkens und Handelns zu machen, der darf dann auch den berühmten Satz der jüdischen Philosophin Hannah Arendt zitieren: »Es hätte«, sagte sie mit Bezug auf Mitteleuropa, »in dieser Ecke Europas wahrlich nicht Hitlers bedurft, um alle gegen alle zu hetzen.« Das soll heißen: Die Katastrophen-Folge der europäischen Geschichte des zwanzigsten Jahrhunderts ist nicht von einem einzigen Volk und schon gar nicht von einem halbirren Diktator und seiner Clique heraufgeführt worden, sondern von dem, was Hannah Arendt die »Eroberung des Staates durch die Nation« nennt – dem Nationalismus als europäischer Krankheit und der teils fahrlässigen, teils

zynischen Anwendung des nationalstaatlichen Prinzips
auf Weltgegenden, in denen dieses Prinzip nur zu
schrecklichen Gewalttätigkeiten führen konnte.

Ich will jetzt meine Anklage gegen den Irrweg des
Nationalstaats nicht wiederholen; auch nicht die Kritik
an jenen Parteien und Staatsmännern, die in einer absurden Interpretation des Selbstbestimmungsrechts der
Völker und unter blinder Mißachtung der Siedlungs-
struktur Mitteleuropas die Pariser Vorortverträge kon-
struierten. Mit diesen Verträgen sollte der Friede nach
dem ersten großen Weltkrieg in Europa gesichert werden; in Wirklichkeit wurde dort der nächste Krieg
programmiert. Die schrecklichen Folgen sind bekannt:
willkürlich zusammengeschusterte »Nationalstaaten«,
fünfundzwanzig bis dreißig Millionen Menschen unter
Minderheitenstatus, zehn Millionen Staatenlose und
ein nur gut *gemeintes,* aber wirkungsloses System internationaler Kontrolle. Das Unheil nahm seinen Lauf;
und wir sollten uns klarmachen, daß dieser Lauf noch
nicht beendet sein muß, denn die Staatenkonstruktion
von Jalta und Potsdam ist nicht viel besser als die von
Versailles, Saint-Germain, Trianon, Sèvres, Neuilly und
so weiter. Unsere einzige Chance ist, daß wir diesmal
rasch neue, europäische Strukturen schaffen. Aber es
gibt keinerlei Gewißheit, daß wir diese Chance ergreifen
werden.

Neben den vielen verschiedenen Karten, die wir im
»Diercke-Schulatlas« unseren Kindern zum Kennenler-
nen der Welt überlassen, den geographischen, bevölke-
rungspolitischen, historischen, mineralogischen, bleibt
eine unauslöschlich in unser Gedächtnis eingegra-
ben: die Karte der deutschen Konzentrationslager von
Dachau bis Ravensbrück, von Neuengamme bis There

sienstadt, von Auschwitz bis Treblinka. Und wir wissen auch: Den Versuch, ein Volk, das jüdische, ein für allemal und bis zum letzten Mann und zur letzten Frau von der Erde zu tilgen, haben nur wir unternommen.

Zur Wahrheit über die europäische Geschichte des zwanzigsten Jahrhunderts gehört aber, daß auch viele andere Völker schreckliche Karten zeichnen lassen müßten. Die Polen müßten dort manche Orte in Ost-Galizien eintragen, wo die Soldaten Pilsudskis in der Zwischenkriegszeit viele Ukrainer gefoltert und ermordet haben. Die Jugoslawen – wahrscheinlich muß man inzwischen schon sagen: die Kroaten, die Serben, die Mazedonier – müßten Ortsnamen der Vergessenheit entreißen, an die sich kaum einer mehr erinnert; das Dorf Dulna-Lubat zum Beispiel, in dem Mazedonier, die sich zum bulgarischen Volkstum bekannten, zu Hunderten totgeschlagen wurden, oder das Städtchen Jasenowac, in dem in einem Vernichtungslager 200 000 Serben ermordet worden sein sollen. Die Rache serbischer Tito-Partisanen an Kroaten 1944/45 war nicht weniger grausam. Das sind willkürlich herausgegriffene Beispiele. Nicht zu reden von einer Karte der Vertreibungsverbrechen; Hunderttausende Menschen ganz verschiedener Nationalitäten sind seit den ersten Vertreibungen in den zwanziger Jahren erschlagen worden, an irgendeiner Straße verhungert oder in irgendeinem Graben mit dem Rest ihrer Habe vermodert.

Die Logik des nationalistischen Verbrechens-Typus verbietet Aufrechnung. Die Wiederholung des mörderischen Hin und Her in der Zwischenkriegszeit läßt sich nur durch eine neue europäische Ordnung verhindern; und bei der wird, ja muß Deutschland eine große Rolle spielen – aufgrund seiner Mittellage, seiner großen wirt-

schaftlichen Kraft und aufgrund der Angst, die es auslöst im Namen seiner Geschichte. Aber was für ein
Deutschland?

Oh ja, wir haben durchaus eine Chance, im Europa
der Zukunft eine konstruktive Rolle zu spielen. Unsere
Wirtschaft ist vital; und keiner soll mir zu erzählen versuchen, daß das gar nicht so wichtig sei. Ich stamme
nämlich aus Kreisen, in denen man gelernt hat, daß Not
die Leute im allgemeinen nicht revolutioniert, sondern
demoralisiert. Die Mehrheit unserer Eliten hat sich mit
der Demokratie arrangiert; eine ordentliche Minderheit
ist sogar richtiggehend demokratisch. Keine Rede mehr
davon, daß die Generäle, die Landgerichtspräsidenten,
die Vorstandsvorsitzenden und die Professoren unserer
Verfassung mit Verachtung begegneten wie in Weimar.
Und obwohl es ein paar schlimme Konfrontationen gegeben hat in den letzten Jahrzehnten, bei der Studenten-
revolte, beim Aufflackern des Terrorismus, bei den
Berufsverboten: Im Ergebnis hat sich das neue deutsche
Bürgertum selbst mit den Grünen nach anfänglicher
Schimpferei mehr oder weniger abgefunden.

Zugegeben: Alle paar Jahre taucht eine neue rechts-
radikale Partei auf, die Gewerkschaften sind außerhalb
ihrer eigenen Reihen immer noch nicht sehr beliebt, und
gelegentlich bricht sich in einem Fußballstadion, vor einem Lager der Sinti und Roma oder in einem Gerichts-
saal, in dem über ein Sittlichkeitsverbrechen zu urteilen
ist, immer noch »das gesunde Volksempfinden« Bahn.
Aber sagen unsere römischen, Pariser oder Londoner
Freunde nicht selbst, daß so etwas bei ihnen genauso
vorkommt? Man kann ohne jeden Unterton von Zweifel
oder Ironie sagen: Die Deutschen waren in den letzten
Jahrzehnten nüchtern, vorsichtig, tüchtig und einiger-

maßen berechenbar. Für jeden, der unsere Geschichte kennt, ist das eine gute Bilanz.

Trotzdem warne ich davor, die Risiken der deutschen Einigung zu unterschätzen. Wir hatten ja keine Zeit, die beiden voneinander entfremdeten Gesellschaften in identitätsstiftenden öffentlichen Diskursen einander anzunähern. Ich halte mich jetzt nicht mehr mit zänkischen Bemerkungen über das allzu hohe Tempo der Vereinigung auf. Tatsache ist, daß die beiden Volkswirtschaften aufeinandergestürzt sind wie ein Meteorit auf einen Planeten. Das bedeutet für viele Bürger der DDR einen Identitätsbruch, dessen sozialpsychologische Konsequenzen traumatisch werden können.

Wem das zu intellektuell klingt, der höre sich um. Gibt es bei uns nicht genügend Leute, die über Übersiedler aus der DDR höhnen, weil sie eine achtstündige Schicht, selbst bei gemäßigtem Gruppenakkord, nicht durchstehen? Wem ist die Lehrerin noch nicht begegnet, die entsetzt über die Familie ihres Cousins erzählte, in der ganz offen von »Kanaken« und »polnischer Sauwirtschaft« gesprochen wird? Und trifft man nicht gelegentlich sogar einen wohlmeinenden evangelischen Synodalen, der kopfschüttelnd darüber berichtet, daß ihm in ganz Dresden (oder wahlweise: in ganz Magdeburg, ganz Erfurt) kein einziger Mensch begegnet sei, der nicht das alte Spiel spiele und die gesamte Schuld auf die SED abwälze? Nach dem alten Motto: Niemand ist ein Kommunist. Niemand ist je einer gewesen. Es hat vielleicht ein paar Kommunisten im nächsten Dorf gegeben...

Und ist die Gereiztheit in der DDR geringer? Haben Sie schon einmal die Suada eines praktischen Arztes aus der DDR über das Drogenproblem in der Bundesrepublik gehört? Oder die Klage einer bürgerlichen Mutter (Ost) über das Sexualverhalten einer bürgerlichen Tochter (West)? Die Worte »mobiles Kapital« sind mir als Schimpfworte noch nicht untergekommen; der Ausdruck »Geschäftemacherei« aber sehr wohl – und zwar genau an jener Stelle, an der wir gravitätisch das Wort »Unternehmer« zu benutzen pflegen.

Damit will ich keineswegs behaupten, daß wir diese Fremdheiten nicht überwinden können. Ich will nur sagen: Der diskussionsarme Zusammenschluß der Deutschen bringt sozialpsychologische Probleme mit sich. Schlimmer als seelische Irritationen aber ist, jedenfalls für einige Jahre, die reale ökonomische Krise. Wie wird sich ein Handwerksmeister verhalten, der, exakt den Ratschlägen westlicher Wirtschaftsberater folgend, drei moderne Werkzeugmaschinen angeschafft hat und jetzt ohne Aufträge auf 300000 Mark Schulden sitzt? Welche Formen des zivilen Ungehorsams werden Berufssoldaten der Nationalen Volksarmee wählen, wenn sie arbeitslos werden sollten? Was werden die Lektoren der pleite gegangenen DDR-Verlage, die Redakteure des in westliche Rundfunkanstalten eingegliederten Deutschen Fernsehfunks und die 25000 Mitarbeiter der ihrer Auflösung harrenden Akademie der Wissenschaften tun? Diese Leute leben alle in der Region Berlin und haben, einer wie der andere, eine vorzügliche formale Ausbildung. Werden sie sich zu dem fröhlichen Zynismus durchringen können, mit dem in West-Berlin so mancher arbeitslose Graezist zwischen Lehrstuhlvertretung und »Stütze« balanciert? Und jetzt habe ich die Kumpel im Südharz, deren Gruben geschlossen werden müssen, genausowenig erwähnt wie die plötzlich entbehrlichen Kontoristinnen einer LPG in Mecklenburg.

Ich bitte Sie herzlich, mich nicht mißzuverstehen. Mir ist genauso klar wie jedem von Ihnen, daß die Zusammenführung einer »westlichen« und einer »östlichen« Gesellschaft unter keinen Umständen problemlos und selbstverständlich ablaufen kann. Ich bin zwar manchmal ängstlicher, bedenklicher, zögerlicher als unser schwungvoller Kanzler. Aber auch ich bin davon überzeugt, daß das größere Deutschland in einem halben Jahrzehnt die ökonomischen Probleme des Zusammenschlusses bewältigt haben kann. Was wollen wir mehr? könnten Sie mich jetzt fragen.

Auch auf die Gefahr hin, mich zu wiederholen – meine Antwort wäre: Wir müssen höllisch aufpassen, daß wir im Prozeß der deutschen Einigung nicht auf die Ideen des Nationalstaats und der »ethnischen Reinheit« zurückfallen. Daß wir nicht der Versuchung erliegen, die deutsche »Identität« über Gemeinsamkeiten wie Rasse, ethnische Abstammung oder Territorium zu bilden. Daß auch das größere Deutschland eine Staatsbürger-Nation wird, die sich bewußt, am hellen Tag und bei klarem Verstand auf einen Gesellschaftsvertrag, eine Verfassung, auf allgemeine und für jedermann gültige Prinzipien einigt – und sich nicht zur »Schicksalsgemeinschaft« zurückbildet. Laßt uns zwei deutsche Staaten zu einem vereinigen; aber bitte nicht um den Preis, die Entlegitimierung des Nationalismus in Deutschland rückgängig zu machen.

Hier sehe ich Gefahren; hoffentlich sind es Gespenster. Aber redet ein Teil der liberalen Intelligenz in Deutschland nicht schon wieder so feierlich, organologisch und nostalgisch daher, daß man ihnen ständig Heinrich Heine entgegenhalten möchte: »Er hatte manchmal ein Gelüst nach einer recht saftigen deutschen Dummheit wie eine schwangere Frau nach einer Birne«? Ist es nicht gelegentlich schwer erträglich, wie langweilig-sachliche, ungebildet-tüchtige, unscheinbar-integre Berufspolitiker plötzlich an einem durchschnittlichen Bonner Regentag von »historischen Situationen« zu schwadronieren beginnen? Und trifft man nicht da und dort sogar schon wieder einen Sozialdemokraten, der sich, wenn auch bescheiden-vorsichtig, an den Übungen in nationaler Rhetorik beteiligt?

In diesen Zusammenhang gehören ein paar Worte über die Eckfigur der deutschen Rechten, über Helmut Kohl. Man muß ihm zugute halten, daß er, ähnlich wie Konrad Adenauer, kein Nationalist ist; jedenfalls bis vor kurzem keiner war. Kohl ging bis in die entscheidenden Monate des Jahres 1989 nicht über die üblichen Lippenbekenntnisse zur Wiedervereinigung Deutschlands hinaus. Natürlich, er wußte, daß er auf dem rechten Flügel seiner Partei, in Teilen der bayerischen CSU, vor allem bei den Vertriebenenverbänden, im protestantisch-konservativen Bürgertum eine starke Minderheit von CDU/CSU-Wählern hatte, die die nationale Idee nicht aufgeben wollte. Also gab er dem Affen gelegentlich Zucker – aber nur selten und niemals allzuviel; das Tier sollte nicht zu stark werden.

Als dann, zur Überraschung aller, der ungarische Außenminister Gyula Horn mit seiner revolutionär-mutigen Entscheidung, die Grenzen Ungarns offen zu halten und die Flüchtlinge aus der DDR nicht zu behindern, den »ersten sozialistischen Staat auf deutschem Boden« zum Einsturz brachte, hatte Helmut Kohl in seiner Rolle als Führer der gemäßigten Rechten in Deutschland kaum noch eine Wahl. Wenn er sich jetzt auch nur für eine zeitweilige Erhaltung der DDR als selbständigen

Staat eingesetzt hätte, hätte er seine eigene Partei ge-
spalten.

Kohl ist zwar keineswegs so tumb, wie ihn die Linke
hinzustellen pflegt; und daß ein deutscher Nationalstaat
in der Mitte Europas immer ein Problem war und immer
ein Problem bleiben wird, ist ihm sicher klar. Auf der
anderen Seite dürfte ihm, wie der großen Mehrheit seiner Zeitgenossen, das »Nationalitätsprinzip«, wonach
das Staatsgebiet und der von einem bestimmten Volk
erfüllte Raum eigentlich zur Deckung kommen sollten,
doch als eine Art natürlicher Ordnung vorkommen. Was
sollte der Mann also machen? Er hatte nicht vorgesorgt;
hatte in den langen Jahrzehnten des Kalten Krieges den
Nationalismus nicht bekämpft, sondern hatte sich darauf
beschränkt, ihn nicht zu fördern. Als jetzt, im Herbst
1989, der Nationalismus wieder chancenreich wurde,
hätte er durch einen entschiedenen Kampf gegen ihn nur
seine politische Existenz aufs Spiel gesetzt. Darf man
sich darüber wundern, daß er diesen hohen Einsatz nicht
gewagt hat?

Wer Helmut Kohl mit Gerechtigkeit begegnen will,
muß sich klarmachen: Die rechtzeitige Austilgung des
Nationalismus bei den Deutschen hätte, für den Führer
einer konservativen Partei, ein hohes Wagnis, gewaltige
Staatskunst, eine ganz überdurchschnittliche Witterung
für zukünftige Entwicklungen verlangt. Über diese Eigenschaften verfügt Kohl nicht; aber wer gebietet schon
über sie? Man kann diesem Kanzler viel ankreiden: daß
er nicht sofort die Reparatur der zerstörten Infrastruktur der DDR in Angriff nehmen ließ; daß er zusah, wie
die Industrieanlagen dieses Staates entwertet wurden;
daß er dann im Wahlkampf den Mund allzu voll nahm
und dadurch schärfere Verteilungskämpfe provozierte

als die, die unvermeidlich waren; daß er die schwachbrüstige Zentralverwaltungswirtschaft zu schnell der Konkurrenz des Weltmarkts aussetzte. Im übrigen aber hat Helmut Kohl getan, was jeder geschickte Politiker tut: Er hat eine Stimmung, die er selbst nicht ausgelöst hatte, registriert und benutzt. Man kann ihm vorwerfen, daß er sich verhalten hat, wie sich die meisten guten (aber eben nicht herausragenden) Politiker verhalten. Bedauerlich, daß Deutschland im Jahr 1989 im Amt des Kanzlers nicht über einen Bismarck, sondern eher über einen Bethmann Hollweg verfügte. Bedauerlich, aber nicht zu ändern.

Nur, es steht viel auf dem Spiel: eine neue Architektur Europas – und Deutschland ist wieder einmal das Schlüsselland; der Plan, der gelingen muß, wenn der Kontinent in Frieden leben soll. Wie groß ist die Gefahr, daß die Sehnsucht nach einer »historischen Rolle« den nüchternen, machtbewußten, aber von seiner Konstitution her nicht übertrieben abenteuerlustigen *middle of the road*-Mann fortträgt? Ich besitze zur Beantwortung dieser Frage nicht genügend Distanz; ich bin sein politischer Gegner. Aber ich weiß: Die Lage ist so beweglich und bewegend, daß eine geschickte Regie durchaus die Wiedergeburt imperialer Selbstgefühle bei einem Teil der Deutschen bewirken könnte. Was dann?

Noch hat die harte Rechte in Deutschland keine Massenorganisationen. Der Versuch der Gründung einer rechtspopulistischen Partei, der »Republikaner«, scheint fehlgeschlagen; jedenfalls ist er noch nicht gelungen. Aber ich warne die liberale Öffentlichkeit, die immer noch so tut, als gäbe es im Deutschland von heute schlimmstenfalls ein paar deutschnationale Weltkriegs-Majore, die in die CDU/CSU eingebunden seien. Das ist falsch. Für den Diskurs eines neuen Nationalismus steht durchaus ein Fundus von Ideen bereit. Er stammt von der »Neuen Rechten«, die sich inzwischen ein zwar elitäres, aber wirksames Publikationsnetz geschaffen hat: Zeitschriften wie *Wir selbst, Mut, Aufbruch* oder *Criticon.*

Die Protagonisten – der Historiker Hellmut Diwald, Politikwissenschaftler wie Hans-Joachim Arndt oder Bernhard Willms, der Bevölkerungswissenschaftler Robert Hepp oder Intellektuelle wie Armin Mohler, Günther Maschke, Henning Eichberg, Hans Dietrich Sander – sind keine Medien-Stars; der Rechten von heute fehlen noch die Ernst Moritz Arndts und Friedrich Ludwig Jahns. Noch fehlt ihnen auch die wirtschaftliche Hilfe großen Stils. Aber können wir sicher sein, daß die Elemente der neu-rechten Ideologie – dezidierter Antipluralismus, ethnische Reinheit, das als Nationalstaat verfaßte Volk, Entscheidungsfähigkeit vor Individualrechten – im Schwung der geglückten Vereinigung, im neuen, größeren, endgültig wieder souveränen Deutschland nicht doch noch ein paar diskrete Förderer und einen klugen Medien-Manager gewinnen?

Die Veränderung, die durch die deutsche Vereinigung in Europa eingeleitet wird, ist radikal: machtpolitisch, ökonomisch, aber auch ideologisch-atmosphärisch. Sollten wir uns nicht überlegen, was wir tun, wenn sich die eine oder andere Großgruppe vom liberal-konservativen *mainstream* lossagt? Wenn der europäische Binnenmarkt und die deutsche Vereinigung gegenläufige wirtschaftliche Interessen erzeugen? Und was, wenn der breitbeinig dastehende Pragmatiker Kohl sich genötigt sehen sollte, sein Gewicht stärker auf den rechten Fuß zu verlagern? Der Mann hat ja bei der schwierigsten Operation der deutschen Politik seit den frühen fünfziger Jahren nicht ein einziges Mal versucht, sich der Hilfe der Sozialdemokratie zu versichern. Wenn je eine Große Koalition gerechtfertigt gewesen wäre, dann während einiger Monate oder Jahre im Prozeß der Vereinigung.

Spekulieren wir nicht darüber, ob die SPD sich 1989 oder 1990 in der Lage gesehen hätte, eine Große Koalition einzugehen. Beschränken wir uns auf die Frage, warum Helmut Kohl niemals den leisesten Versuch zu solch einer Zusammenarbeit gemacht hat. War das nur die Sehnsucht nach der berühmten »historischen Rolle«, die Sehnsucht nach der Zwischenüberschrift im Geschichtsbuch: »Kanzler der Einigung«? Oder deutet die schroffe Ausschließung jeder Art von historischem Kompromiß auf Gesteinsverschiebungen im Massiv der deutschen Rechten hin?

Es wird, davon bin ich überzeugt, den Versuch geben, in Deutschland völkische Zusammengehörigkeitsgefühle und Feindbilder wiederzubeleben. Und das wird die Auseinandersetzung des nächsten Jahrfünfts: Da sind die einen, die sich – selbstbewußt, selbstverständlich – auf Abstammung, Geschichte, Sprache, auf unübertragbare oder nicht zu verhehlende Merkmale berufen. Das Volk übernimmt diese Merkmale kraft Gewohnheit, Sich-Einlebens oder Gehorsams. Und da sind die anderen, wir, die sagen: Die staatliche Einigung Deutschlands wird nur gelingen, wenn sie von einer Einigung über die Identität der diesen Staat tragenden Gesellschaft begleitet wird.

Sicher, jeder Staat braucht seinen »Patriotismus«; nicht nur eine vernunftgemäße Einigung auf gemeinsame Prinzipien, sondern auch eine emotionale Einigung auf Sitten, Gebräuche, Rituale und Zeremonien, eine affektive Empathie. Aber Patriotismus eben nicht als Erbe des Bluts, Mitgift der Natur, mythischer Zusammenhang von alters her, sondern eben als »Einigung«. Menschen einigen sich über die Größe ihres Kollektivs, also darüber, wen sie in das »Wir« einbeziehen wollen und wen nicht; sie wählen die Traditionen aus, die sie fortsetzen wollen, und scheiden die Traditionen aus, die beendet werden müssen; sie bestimmen die Merkmale, durch die sie sich von anderen Kollektiven unterscheiden wollen.

Der zweite Weg, unserer, ist der schwerere; und auch der ungewöhnlichere. Man wird uns triumphierend entgegenhalten, wie selbstverständlich Litauer Litauer und Polen Polen sind. Wir sollten unverzagt antworten: Die Zeit, in der die Deutschheit für die Deutschen selbstverständlich war, war keine gute Zeit; weder für uns noch für unsere Nachbarn. Wir haben eine Chance, das Spiel zu gewinnen, wenn wir eine Verbündung zustande bringen. Sie muß weit über die politischen Parteien hinausgreifen, in die christlichen Kirchen und in die Gewerkschaften, ins Management der Wirtschaft und in die Labors der technischen Intelligenz. Deutschland – weniger pathetisch und pauschal ausgedrückt: ein neuer Bund Deutscher Länder – kann gelingen; aber die Sache verlangt Vorarbeit. Der Regisseur Bert Brecht hat gelegentlich ein Schild auf die Bühne stellen lassen: »Glotzt nicht so romantisch.« Dieses Schild werden die Deutschen in den nächsten fünf Jahren gelegentlich brauchen.

Ich will zu der Vorarbeit, die wir gemeinsam leisten müssen, ein paar Vorschläge machen. Nennen wir sie einfach: Vorschläge zur Identität des größeren Deutschland.

Erstens: Die deutsche Vereinigung nicht nur als staatliche Prozedur, sondern als Startrampe für die Entwicklung einer Bildungsidee, die den westlichen Aufklärungs-Zynismus genauso überwindet wie die ausgelaugte marxistische Orthodoxie. Mit folgenden Elementen:

1. Der Holocaust als geistiger Wendepunkt der modernen deutschen Nation; natürlich nicht als das einzig wichtige, wohl aber als ein nicht hintergehbares Datum. Die Rolle, die im Kanon des französischen Denkens das Jahr 1789 spielt, kommt im deutschen Kanon der Periode des Faschismus zu. Nationalbewußtsein bedeutet: Auseinandersetzung mit dieser Geschichte, mit den Erfahrungen und Motiven der Schuldigen und Unschuldigen.

2. Mehrsprachigkeit als Bildungsprinzip. Zum Beispiel: ein großes Programm der Länder, damit der Sprachentransfer den engeren Kreis der Gebildeten überschreitet. Eine Bewegung für bilinguale Schulen: deutsch-englische, deutsch-französische, deutsch-türkische; jede Schule ein Mikrokosmos von bilingualer Gesellschaft. Englisch als europäische Gemeinsprache (wie einst Griechisch, Latein oder Französisch). Die Borniertheit, gegen die erzogen werden muß, verdichtet sich in dem Satz: »Man kann für seine Sprache auch etwas tun, indem man keine andere spricht.«

3. Die Europäisierung unseres Geschichtsbildes. Als Leitgedanke also nicht Volks-Geschichte, sondern Völker-Geschichte, nicht der vertrotzte nationale Individualismus des neunzehnten Jahrhunderts und die Sieger-Geschichte der Großen, sondern Sensibilität für die kleinen Völker, für die Vielfalt der Kulturen und Identitäten in Europa.

4. Die Ausbildung einer *europäischen* politischen Klasse, zum Beispiel durch den Ausbau des Europäischen Hochschulinstituts in Florenz, durch die Schaffung einer European School of Government, durch die Vernetzung französischer, deutscher, tschechischer, ungarischer Universitäten.

Also: Keinerlei Hoffnung auf den neuen Menschen, aber die Überwindung der routinierten Mutlosigkeit, jener Grundstimmung in den deutschen Bildungseinrichtungen der letzten anderthalb Jahrzehnte.

Zweitens: Eine leichte, ganz vorsichtige Tendenz zur Hollandisierung Deutschlands. Das kann natürlich nicht heißen, daß sich das eine Volk die Identität eines anderen überstülpt. Aber die Deutschen müssen die Traditionen, die sie vorfinden, selektiv fortsetzen. Und wenn sie über die Grenzen schauen, warum dann nicht zu diesem Nachbarn? Ich meine die Tradition der sich selbst regierenden Städte der Niederlande, die Technik, wie sich Zivilisten vor gewaltsamen Übergriffen von außen schützen können, ein Nationalbewußtsein ohne jede Beziehung zu völkischen, rassischen oder sprachlichen Elementen und das Prinzip, den eigenen Kindern mehr Freiheit zu lassen, als wir es gewöhnt sind. Nicht die Holländer nachäffen; aber zum Beispiel hinter die Anpassung des wilhelminischen Bürgertums an den Militäradel zurückgreifen auf die Tradition städtisch-bürgerlicher Schichten in den Hanse- und Reichsstädten.

Das hieße für die vor uns liegenden symbolischen Debatten: eine nicht allzu dick unterstrichene nationale Identität; natürliche »Ästhetik des Staates«, aber im schlichten Design; ein Staatsname, der keine falschen Erinnerungen weckt, den »Staat im Dorf lassen« (Enzensberger), also Bonn als Regierungssitz; und ein unauffälliges Bemühen um »Außenverträglichkeit« der neuen Identität. Kein Verzicht auf Emphase, Pathos, hohen Ton. Aber im Sinne der »Kinderhymne« von Bert Brecht: »Und weil wir dieses Land verbessern / behüten und beschirmen wirs / und das Liebste mags uns scheinen / so wie andern Völkern ihrs.«

Drittens: Die Entwicklung einer realistischen Wirtschaftsgesinnung. Der wiedererstandene Nationalstolz der Deutschen in der Bundesrepublik hat sich eindeutig auf die Wirtschaft gegründet. Nur auf das Grundgesetz sind noch mehr Deutsche stolz als auf die deutsche Wirtschaft: 51 statt 50 Prozent. Aber aus der Tatsache, daß nur 14 Prozent der Engländer auf ihre Wirtschaft stolz sind, schließt die Kulturkritik bei uns auf eine bedenkliche Einengung der deutschen Identität auf wirtschaftlichen Erfolg. Die Rechte entrüstet sich über den »Krämergeist«, die Linke über Sinnverlust und Fetischisierung des Geldes.

Aber was spricht gegen Zweckrationalität, Rechenhaftigkeit, unternehmerische Risikoabwägung? Daß deutsche Unternehmer nicht hinter Gloire-Projekten im Weltraum herjagen, sondern sich – zum Beispiel – auf verkaufbare Anwendungen der Mikroelektronik beschränken, ist ein Vorteil, kein Nachteil. Daß deutsche Konsumenten, die schon einmal vor dem Nichts standen, ihrer Obrigkeit die Staatsaktionen – einschließlich der Vereinigung – auf Heller und Pfennig nachrechnen, ist kein »Krämergeist«, sondern satte Lebenserfahrung. Daß Unternehmer auf Innovation, Risiko und Konkurrenz orientiert sind, ist kein Sinnverlust, sondern der notwendige Tribut an den Mechanismus der Verkehrswirtschaft. Die Deutschen sollten den Aufstieg von Wirtschaftsindividualismus und Handelsgeist im Westen ihres Landes annehmen – und, wo immer möglich, auf den Osten ihres Landes übertragen.

Viertens: Das größere Deutschland als »Bund«, also als föderalistisch verfaßter Staat. Das Originäre sind die Regionen, die Länder; sie schließen sich zu einem Bund zusammen. Diese scheinbar unbestrittene regionale Gewaltenteilung ist aber von zwei Seiten gefährdet; durch die (notwendige) Übertragung von Rechten an die Europäische Gemeinschaft, aber auch durch die Einigung, bei der fünf weitere kleine, finanzschwache Länder entstehen. Es ist der Gefahr vorzubeugen, daß – durch die unterschiedliche Größe der Länder – die Länderinteressen so gegensätzlich werden, daß jede Bemühung um eine dem Bund gegenüber solidarische Politik durch Verteilungskonflikte vereitelt wird. Das heißt: Neugliederung der Länder, neue Aufgaben- und Finanzierungsverflechtung zwischen Bund und Ländern, direkte Beteiligung der Länder an den Entscheidungsprozessen der Europäischen Gemeinschaft – oder ein neuer Zentralisierungsschub. Die Maxime wäre: der Niedergang des Föderalismus als empfindliche Störung der demokratischen Stabilität Deutschlands.

Fünftens: Das größere Deutschland als Einwanderungsland; oder genauer: als eine Gesellschaft, die zwar durchaus ein Bewußtsein gemeinsamer Geschichte hat, sich aber auch für neue Menschen öffnet, die von außen zu dieser Gesellschaft stoßen, und diesen Menschen nicht sagt: »Entweder du paßt dich bedingungslos an, oder du bleibst draußen«, sondern ihnen unter bestimmten Bedingungen Zugang zu den Kommunikations- und Entscheidungsprozessen gibt. Von diesem Zukunftsbild sind die Deutschen in beiden Staatshälften allerdings schrecklich weit entfernt.

Was wir wirklich tun, sagen die nackten Zahlen. Zwischen 1960 und 1986 sind in die Bundesrepublik 15 Millionen Ausländer eingewandert. Die Zahl der Ausländer aber betrug 1986 nur 4 Millionen. Die Zahl der Einbürgerungen in diesem Zeitraum liegt unter 700000. Das bedeutet: 75 Prozent der zugewanderten Ausländer haben das Land wieder verlassen, obwohl nur 45 Prozent von ihnen dies wirklich wollten.

Die deutlichste Sprache spricht die Statistik über die Türken, die in vielen Fällen Kurden sind und deren Rückkehr in ihr Geburtsland so schwierig ist, daß rund 1,5 Millionen in Deutschland geblieben sind. Sie leben unter uns; viele von ihnen seit zehn oder zwanzig Jahren. Sie arbeiten bei uns, sie zahlen Steuern in unsere Kassen – aber sie bleiben Ausländer, Entwurzelte, Menschen ohne Wahlrecht. Und warum? Weil wir nur »Deutschstämmigen« einen Anspruch auf Einbürgerung zuerkennen. Ob ein Türke eingebürgert wird, liegt im Ermessen der Behörden. Mit diesem völkischen Staatsbürgerschaftsrecht haben die Deutschen das Kunststück fertiggebracht, im letzten Jahrzehnt des zwanzigsten Jahrhunderts ein Zwei-Klassen-Wahlrecht aufrechtzuerhalten. Es ist uns gelungen, ein Proletariat zu organisieren, das die schmutzigen Arbeiten macht, aber nicht mitbestimmen darf. Eine brillante juristische Leistung; und zugleich der beschämendste politische Mißstand in unserem seit 45 Jahren von Hitler befreiten Vaterland.

Die Angst, die hinter diesem Verhalten steht, ist die Angst vor Überfremdung, vor dem »Volkstod« durch Völkervermischung. Mit dieser alten Angst können wir Deutschen vielleicht wieder eine Großmacht werden; aber niemals das akzeptierte Mitglied einer bedrängten Völkergemeinschaft. Wir müssen uns entscheiden.

Sechstens: Die Deutschen schließlich als Vorkämpfer eines vereinten Europa – sagen wir ruhig weniger unverbindlich: der Vereinigten Staaten von Europa. Also nicht der teils neidische, teils triumphierend-hämische Blick auf Franzosen, Griechen, Polen oder Briten mit ihren unverhüllt nationalen Gefühlen. Wir haben aus unserer besonderen Geschichte etwas gelernt, wir haben anderen etwas voraus, wir können mit gemäßigten und gemischten Gefühlslagen leben, wir haben das nationale Prinzip stellvertretend für andere zu Ende gelebt. Das macht uns – ich bin immer noch bei Erwägungen über einen neuen deutschen Patriotismus – zu einer sehr modernen Nation. Wir können auf die ökonomischen, ökologischen, verkehrspolitischen, kommunikativen Erfordernisse der Europäisierung ohne innere Hemmung reagieren. So können wir uns bei der Debatte um eine Europäische Zentralbank auf deren Konstruktion, ihre Unabhängigkeit von den Regierungen, ihre Kompetenzen konzentrieren. Von Gefühlsstürmen der nationalen Ehre werden wir selbst in Verhandlungspausen nicht mehr gebeutelt, einfach, weil wir in diesem Jahrhundert schon zu häufig von Gefühlsstürmen gebeutelt worden sind, mit fragwürdigem Ergebnis. So haben wir die Chance, eine notwendige Rolle zu spielen, die sonst irgendein anderer übernehmen müßte, die wir aber auch gerne mit einem anderen (zum Beispiel den Franzosen) teilen: die Rolle der Kundschafter und Pioniere der Europäisierung.

Wir könnten diese Erwägungen, Vermutungen, Hoffnungen über die Identität des größeren Deutschland jetzt lange gemeinsam fortsetzen. Es ist eindrucksvoll und ermutigend, könnte der eine sagen, wie sich die Bürger der Bundesrepublik seit den fünfziger Jahren von früheren Selbst-Zuordnungen gelöst haben, etwa von der Einbildung, besonders tapfer und fleißig zu sein. Aber in der DDR, würde ein anderer entgegnen, ist eine vergleichbare Entwicklung keineswegs zu erkennen. Sind da nicht immer noch Ordnung, Sauberkeit und Gründlichkeit die typischen Eigenschaften des Deutschen? Aber ja, könnte ein dritter darauf antworten, ein Kompromißler, wie er in allen deutschen Diskussionen auftritt. Ohne Ordnungs- und Sauberkeitssinn wäre unsere heutige Sensibilität für Umweltfragen nicht so schnell entstanden; Gründlichkeit kennzeichnet inzwischen unseren öffentlichen Diskussionsprozeß; und obwohl wir fleißig und verläßlich arbeiten, hat sich eine erstaunliche Kunst verbreitet, das Leben nicht nur als Pflicht und Aufgabe zu begreifen, sondern auch zu genießen. Auf diese Weise entstünden neue Züge eines deutschen Sozialcharakters: der Stolz auf einen Sozialstaat, der keinen ins Nichts fallen läßt, ökologische Sensibilität, kulturelle Vielfalt, vielleicht sogar ein sich verstärkendes Gefühl für die Fairneß zwischen den Geschlechtern.

Die Frage bei all diesem Hin und Her wäre nur: Reden wir über die Deutschen, wie sie sind, oder reden wir über die Deutschen, wie wir sie uns wünschen? Können wir hoffen, daß die Lernfähigen, die Gesprächswilligen aus beiden Gesellschaften die soziale Atmosphäre unseres Landes bestimmen werden? Oder müssen wir damit rechnen, daß ein modern bewaffneter westlicher Rechtspopulismus ins östliche Bürgertum einbricht und dort Proselyten macht?

Wenn Sie mich nach meinen Gefühlen fragen, dann sage ich: Wir müssen mit allem rechnen. Wenn Sie mich nach meinem Willen fragen, antworte ich: Wir müssen klug sein wie die Schlangen, stark wie die Bären, gesell-

schaftsfähig wie die Biber. Leider haben wir diese Tier-
arten in Deutschland fast vollständig ausgerottet. Aber
noch haben wir ein Bild von ihnen, nach dem wir uns
richten können. Wir haben eine Chance.

Die vor uns liegenden Aufgaben sind nicht leicht zu
lösen. Wenn man einen Praktiker aus dem Alltag der
Politik fragt, ob es eine Chance für die Neugliederung
der Länder, die Reform des Föderalismus gebe, winkt er
müde ab. Spricht man mit dem Mitglied eines Auslän-
derbeirats in einer unserer Großstädte und erkundigt
sich nach den Volksstimmungen für die Einbürgerung
von Fremden, dann wird er einen abwesend anschauen.
Europa? Für Millionen von Menschen sind das Kühlhal-
len, in denen sich unsere Lebensmittel stapeln, und
Büro-Paläste in Brüssel mit Treppen aus Carrara-Mar-
mor. Entweder die Einigung reißt uns aus der Routine
des politischen Geschäfts hoch, oder wir verfehlen die
Ziele, die wir erreichen müssen, damit das neue, das aus
der Zange des Ost/West-Konflikts entlassene Europa
friedlich leben kann.

Deswegen warne ich heute vor meinesgleichen; vor
den Praktikern, den Realisten, den achselzuckenden
Bewältigern des Lebens mit dem kleinen, sympathischen Zug von Zynismus um die Lippen. Die werden
sagen: Was soll's, die Leute haben eben manchmal das
Bedürfnis nach Stolz und Liebe, nach Haß, Spott und
Verachtung. Immanuel Kant mag einen Essay geschrieben haben über die »Forderung der Narren in Deutschland nach einem Nationalstolz«. Aber die Leute haben
Kant nicht gelesen. Finden Sie sich gefälligst mit der
Wirklichkeit ab; der Nationalismus ist erneut ein Stück
unserer gegenwärtigen Realität. Ich habe etwas übrig
für Zynismus; ich glaube nicht, daß man ganz ohne

Zynismus überleben kann. Aber in der Lage, in der Europa sich heute befindet, warne ich vor dem durchschnittlichen Realismus der politischen Klasse. Mit ihm werden wir scheitern.

Erinnern Sie sich an den Kommentar aus dem *Sunday Correspondent,* den ich Ihnen zitiert hatte? Ich will ihn an dieser Stelle wiederholen:

»Wir müssen jetzt ehrlich über die deutsche Frage sein, so unbequem sie auch für die Deutschen, für unsere internationalen Partner und uns selbst sein mag. Die Frage bleibt in der Essenz die gleiche. Nicht wie wir es verhindern, daß deutsche Panzer über die Oder oder Marne rollen, sondern wie Europa mit einem Volk fertig wird, dessen Zahl, Talent und Effizienz es zu unserer regionalen Supermacht werden läßt. Wir sind 1939 nicht in den Krieg eingetreten, um Deutschland vor Hitler oder die Juden vor Auschwitz oder den Kontinent vor dem Faschismus zu retten. Wie 1914 sind wir für den nicht weniger edlen Grund in den Krieg eingetreten, daß wir eine deutsche Vorherrschaft in Europa nicht akzeptieren konnten.«

Das, was der Mann da formuliert, ist sicher nicht die Mehrheitsmeinung der Kommentatoren englischer Sonntagszeitungen. Ich bin auch auf der Stelle bereit zuzugestehen, daß es in England, Frankreich, den USA und sonstwo eine ganze Reihe von Menschen gab, die durchaus Deutschland vor Hitler, die Juden vor Auschwitz und den Kontinent vor dem Faschismus retten wollten. Aber ein Element aus diesem ehrlichen, ein wenig bösartigen und intelligenten Kommentar will ich nicht in Vergessenheit geraten lassen: Es gibt immer noch viele Leute in Europa, die sich nicht damit abfinden werden, daß es einen politischen Apparat – eine politische Einheit, genannt Deutschland – geben könnte, der stärker, reicher, größer, glücklicher ist als andere.

Ich weiß, ich laufe Gefahr, Ihnen mit meinen historischen Obsessionen auf die Nerven zu fallen. Aber ich erinnere trotzdem daran: Das Deutsche Reich von 1871 hat zum Zerfall der Vielvölkerstaaten, zum Beispiel Österreich-Ungarns, schon durch seine pure Existenz beigetragen. Bismarck verbündete sich mit Österreich-Ungarn, er wollte es nicht zerstören. Sofort nach der Schlacht bei Königgrätz 1866 warnte er vor einer übermäßigen Schwächung des Habsburger-Reiches. »Womit sollte man den Raum ausfüllen«, sagte er, »den heute von Tirol bis zur Bukowina der österreichische Staat einnimmt? Neue Formationen in diesen Gebieten trügen einen dauernd revolutionären Charakter.« Seine Klugheit, seine Mäßigung im Siege hat ihm nichts genützt. Das Deutsche Reich, das er als Machtstaat für die preußische Dynastie geschaffen hatte, stimulierte Nationalismus: bei Slowenen und Slowaken, bei Tschechen und Ungarn und bei vielen anderen Völkern. Das Ende dieser Geschichte ist bekannt.

Ich schließe deshalb mit der Feststellung: Wir dürfen nicht nur nicht wieder nationalistisch werden, wir müssen auch alles dafür tun, damit das größere Deutschland keinen Nationalismus *stimuliert*. Deswegen gibt es nur eine Alternative: *Entweder* den Weg nach vorn in eine europäische Struktur, die zwar nationale Individualitäten übrigläßt, aber nicht Staats-Kerle, die sich aneinander messen und wissen wollen, wer stärker oder schwächer ist; *oder* den Rückweg ins nationalistische Europa der Zwischenkriegszeit. Das aber wäre eine sinnlose, schuldbeladene, blutige historische Bewegung.

SECHSTE REDE

Europa im letzten Jahrzehnt des zwanzigsten Jahrhunderts

Ein vernetzter, von Gorbatschows Perestroika ausgehender, dann aber viele andere Motive aufnehmender ostmitteleuropäischer Prozeß hat das, was wir bis 1989 höchst selbstverständlich den »Ostblock« genannt haben, zerschlagen. Was jetzt? Die ebenso brutale wie beruhigende Ost/West-Polarität, eine sichere Struktur mit einem Nummernschloß, das nur von zwei Schlüsseln gleichzeitig geöffnet werden konnte, löst sich auf. Wie läßt sich verhindern, daß Europa jetzt in ein systemloses Durch- und Nebeneinander von Nationalstaaten zerfällt?

Die Gefahr ist doch die: daß die einen voll versteckter Komplexe sind, weil sie ihre Herunterstufung von Großmächten zu Mittelmächten nicht verarbeitet haben, und die anderen mit solcher Inbrust an ihrer wiedererlangten Staatlichkeit hängen, daß sie ihren Anhängern für eine Reihe von Jahren Souveränitätsverzichte gar nicht zumuten können. Wie kann vermieden werden, daß erneut jenes »Zwischeneuropa« entsteht, das wöchentlich für eine neue Explosion, einen neuen Aufstand, eine neue kleine Strafexpedition, eine neue Verletzung von Menschenrechten gut war?

Denn vom »Ende der Geschichte« kann natürlich keine Rede sein. Diesen Begriff, den Hegel 1806 in die Welt setzte, hat Francis Fukuyama, derzeit stellvertretender Direktor des Planungsstabs des amerikanischen

Außenministeriums, benutzt. Er behauptete, der Liberalismus habe gesiegt, alle Ideologien, die vorgegeben hätten, fortschrittlicher zu sein, seien von der Geschichte demaskiert worden. Jetzt entstehe eine neue Welt, in der es keine ideologischen Gründe für einen größeren Konflikt zwischen den einzelnen Nationen mehr gebe und in der die Anwendung militärischer Gewalt immer seltener werde, einfach, weil sie immer weniger als legitim angesehen würde. Der Mann erinnert mich an Lenin, der das allmähliche Verschwinden der Nationen im Kommunismus erwartete. Lenins These ist nach siebzig Jahren endgültig widerlegt worden. Man muß befürchten, daß die Widerlegung Fukuyamas sehr viel weniger Zeit brauchen wird.

Natürlich: Die Zentralverwaltungswirtschaft ist gescheitert; und mit der Kommandowirtschaft sind auch bestimmte *politische* Kommandostrukturen überständig geworden. Das heißt aber nicht, daß die Geschichte mit dem »Liberalismus« – was immer man darunter verstehen mag – alternativlos zu Ende gehe. Schon die westlichen Demokratien erzeugen ruhelos ihre eigenen Alternativen. Vor allem aber lebt die Mehrheit der Menschen unter den Bedingungen von Umweltzerstörung, Hunger und bitterer Not. Selbst wenn der Kommunismus jetzt mit dem vielbeschworenen kleinen Winseln von der Weltbühne abtritt, entsteht kein »homogener Universalstaat«, in dem die materiellen Bedürfnisse und die irrationalen Sehnsüchte der Menschen einfach gestillt werden könnten.

Das, was wir jetzt ein paar Jahrzehnte lang den »Kalten Krieg« genannt haben, mag zu Ende gehen; wir haben allen Grund, darüber froh und glücklich zu sein. Aber es entstehen neue Gefahren. Über die wichtigste dieser Gefahren für Europa, den Wiederaufstieg des Vorkriegsnationalismus, habe ich in diesen Reden gesprochen.

Im übrigen werden uns selbstverständlich auch die Konflikte in anderen Teilen der Welt erreichen. Selbst diejenigen, die bewußt oder unbewußt davon ausgehen, Europa sei eine Art peripherer Brückenkopf der Vereinigten Staaten und könne sich auf die eigenen Angelegenheiten beschränken, werden immer wieder aus ihrer eurozentrischen Idylle aufgeschreckt werden. Die großen Herausforderungen des nächsten Jahrzehnts sind der islamische Fundamentalismus auf dem arabischen und einem Teil des asiatischen Schauplatzes, die riesigen Flüchtlingstrecks, die an einigen Brennpunkten der Dritten Welt in Bewegung gesetzt werden, und die immer unübersehbarer werdende Bedrohung in Gestalt der Weitergabe von Nuklearwaffen und Giftgas an kleinere und mittlere Staaten in bedrängter Lage.

Um es am Beispiel der sicherlich nicht welthistorischen, sondern eher durchschnittlichen Aggression Saddam Husseins gegen Kuwait im August 1990 zu sagen: Wenn aufgrund dieses Krieges der Ölpreis auf 25 Dollar pro Barrel steigt, dann erhöht das die Ölimportrechnung der OECD-Länder im Jahr 1990 von 130 Milliarden auf 190 Milliarden Dollar. Dann profitiert die Sowjetunion; ihre ostmitteleuropäischen Ölabnehmer dagegen bekommen erhebliche zusätzliche Belastungen aufgebürdet, was den Liberalisierungs- und Anpassungsprozeß empfindlich stören dürfte; dann geraten die Vereinigten Staaten, ein Land mit einem für 1990 geschätzten Leistungsbilanz-Defizit von 100 Milliarden Dollar, gewaltig ins Schleudern; dann werden Venezuela, Nigeria und Mexiko Nutznießer sein, während die Exportchancen der Entwicklungsländer sich rapide verschlechtern. Dies alles bewirkt ein mittlerer Diktator mit einer mittleren Aktion, wenn sie eine empfindliche Druckstelle der internationalen Politik berührt.

Auch nach dem Zerbröckeln des kommunistischen Weltreichs kommen wir also nicht in eine historische Phase, in der man Verwaltung an die Stelle von Politik setzen könnte. Natürlich, die Europäer könnten beschließen, daß sie die Weltpolitik anderen überlassen. Ein paar Jahrzehnte wird man in den meisten europäischen Nationalstaaten schon noch einigermaßen passabel leben können – selbst wenn Europa keine politische Vision mehr hat und sich nur recht und schlecht in den alten politischen Strukturen weitermüht. Aber da sich zwar einzelne ins Chianti oder nach Croix Valmer zurückziehen können, nicht aber ganze Völker, wäre der Friede, der da entstünde, ein fauler Friede.

Meine Frage lautet: Was müssen die Europäer im nächsten Jahrzehnt tun, um – für sich und andere – in der Weltpolitik eine konstruktive Rolle spielen zu können? Sie müssen zuerst einmal, behaupte ich, folgende Ausgangsbedingungen ihres Handelns ohne allzuviel idealistische Beschönigung zur Kenntnis nehmen:

Erstens werden die Supermächte zu Flankenmächten. Keine Fehleinschätzung: Trotz der lebensbedrohenden Krise, in der sich die Sowjetunion befindet, und der ernsten, in der die Vereinigten Staaten stecken, bleiben die beiden die stärksten Mächte der Welt. Aber die vielfache *overkill*-Kapazität auf beiden Seiten ist bei vielen Konflikten nicht mehr recht operationalisierbar, und es wird sich zunehmend die Frage stellen, ob die politischen Klassen in diesen beiden Staaten nicht auf mittlere

Sicht eine Konzentration auf die eigenen Probleme bevorzugen – im Fall der Sowjetunion auf den inneren Zusammenhalt der Union und das ökonomische Überleben, im Fall der Vereinigten Staaten auf den eigenen »Hinterhof«, auf Lateinamerika.

Was die USA betrifft: Die Europäer sollten sich den Rückzug der Amerikaner über den großen Teich weder wünschen noch sollten sie ihn fördern. Die europäisch-amerikanische Zusammenarbeit in den letzten Jahrzehnten war sowohl sicherheitspolitisch als auch ökonomisch für beide Seiten im allgemeinen befriedigend. Aber die Europäer müssen sich überlegen, was sie tun, wenn die Amerikaner ihr europäisches Engagement erheblich reduzieren. Diese Entwicklung mag nicht unausweichlich sein, aber sie hat doch einen erheblichen Grad an Wahrscheinlichkeit.

Zur Sowjetunion empfiehlt sich unsentimentale, faire Distanz. Zuerst einmal müssen wir alle zur Kenntnis nehmen, daß wir die konvulsivischen Konflikte in diesem Vielvölkerstaat kaum beeinflussen können. Weder haben wir die wirtschaftliche Kraft, Gorbatschow ökonomisch wirksam zu »helfen«, noch hat irgendein europäischer Staat nennenswerten Einfluß auf die Frage, ob die Sowjetunion zusammenhält oder auseinanderfällt. Im westlichen Interesse liegt ein Auseinanderfallen der Sowjetunion mit all den unwägbaren Folgekonflikten zwischen Großrussen, Balten, Ukrainern, Bjelorussen und Turk-Völkern nicht. Auf der anderen Seite steht es uns auch nicht zu, das Unabhängigkeitsstreben dieser Völker, die oft seit vielen Jahrzehnten unter stalinistischen oder breschnewistischen Zuständen gelitten haben, zu zensieren.

Die Deutschen sollten besonders vorsichtig sein: im

Westen keine »Rapallo-Ängste« nähren, bei den Russen den Eindruck vermeiden, sie schürten irgendwelche Nationalitätenkämpfe. Insgesamt muß sich Europa darauf einstellen, daß die Präsenz der beiden Großen zurückgeht, nicht nur die physische (Soldaten und Waffensysteme), sondern auch die geistige. Es wird klug sein, wenn wir uns Einrichtungen erhalten, in denen wir mit den Vereinigten Staaten und der Sowjetunion verbunden sind. Die Sowjetunion hat zwar einen europäischen Teil, und die Amerikaner haben nicht nur europäische Interessen, sondern auch eine europäische Vergangenheit. Aber diese Großmächte sind nicht Europa, sie sind Flankenmächte Europas – keine Überväter, sondern Partner für ziemlich schwierige Geschäfte.

Zweitens hat sich das Kriegsszenario von NATO und Warschauer Pakt im letzten Jahr radikal verändert. Sowohl ein nuklearer Zusammenstoß auf dem alten Kontinent als auch ein interkontinentaler Schlagabtausch zwischen USA und UdSSR sind extrem unwahrscheinlich geworden. So absurd es klingt: Wahrscheinlicher als ein Angriffsbefehl aus Moskau (für die Sowjets hieße ein Angriff auf Mitteleuropa vermutlich bald, daß Drittländer zuerst angegriffen werden müßten) ist heute die Eroberung eines »Sonderwaffenlagers« durch Freischärler in Armenien oder Aserbaidschan. Der Haupttypus zukünftiger Konflikte in Europa dürfte bei Nationalitätenkämpfen, Minderheitenproblemen und nationalistischen Pogromen liegen; auch regionale Konflikte zwischen nationalen Akteuren – wie die Auseinandersetzungen zwischen Griechenland und der Türkei – sind nicht mehr auszuschließen. Die zweipolige Sicherheitsarchitektur – NATO und Warschauer Pakt – ist auf diese neuartigen Konflikte nicht eingerichtet.

Was tut die westliche »Wertegemeinschaft« eigentlich gegen die brutale Drangsalierung der Albaner im Kosovo? Und was gegen die unakzeptable Politik der türkischen Militärs gegenüber den Kurden im türkischen Kurdistan? Was werden wir tun, falls die magyarische Minderheit in Siebenbürgen in ihren Rechten nicht gestärkt, sondern weiter geschwächt würde?

Bisher war unser Verhalten immer ziemlich ähnlich, in Berlin 1953 genauso wie in Ungarn 1956 oder in Prag 1968. Wir gaben unserem Auslandsrundfunk ein paar neue Stellen für das jeweils zuständige Programm, veranstalteten in der Bonner Beethovenhalle eine Demonstration, verabschiedeten flammende Protesterklärungen – mit Unterschriften von Bischöfen inklusive. Den Menschen aber, die in irgendwelchen Massengräbern oder Folterkellern verschwunden sind, haben wir unseren Respekt bezeigt – sonst nichts. So darf es nicht weitergehen, nachdem wir die Machthaber des Ostblocks (und damit ja wohl auch die akute Atomkriegsgefahr) losgeworden sind. Aber sind wir sicher, daß es so nicht weitergehen wird?

Wer verhindern will, daß wir solchen Situationen in der Zukunft alle paar Monate gegenüberstehen, darf nicht einfach an den alten Konzepten zu einem europäischen Sicherheitssystem weiterstricken. Die Abrüstung muß weitergehen; nichts gegen Verifikations-Agenturen und Krisenmanagement-Zentren. Aber die unter geheimnisvollen Kürzeln (VKSE I, VKSE II) geführte Debatte um Personalobergrenzen, geographische Dichtebeschränkungen und Luftbeweglichkeit darf nicht zu einer neuen Scholastik erstarren. Die neue Lage erzwingt neue politische (nicht nur technische) Konzepte.

Drittens sollten sich die Westeuropäer klarmachen, daß Mittel-, Ost- und Südosteuropa sich in einer dramatischen, schwer prognostizierbaren und für einige Jahre auch labilen Situation befinden. Stünde die Europäische Gemeinschaft nicht zwei Jahre vor, sondern zehn Jahre nach der Einführung eines Binnenmarktes, müßte sie gegenüber den wichtigsten ostmitteleuropäischen Staaten die gleiche Politik betreiben wie gegenüber Spanien, Portugal und Griechenland. Eine Stabilisierung der Demokratien wäre am ehesten durch Einbindung erreichbar. Eine solche Politik würde die Europäische Gemeinschaft in ihrem heutigen Zustand aber zerstören.

Dies heißt, undiplomatisch ausgedrückt: Trotz realistischer Bemühungen der Europäischen Gemeinschaft und einzelner ihrer Mitglieder wird die ökonomische Situation Polens, Ungarns oder Jugoslawiens noch auf mehrere Jahre schwierig bis katastrophal sein. Die notwendig leidenschaftlichen Auseinandersetzungen in politischen Klassen, die (mit der Ausnahme Polens) ohne Vorbereitung nach vierzigjähriger Quarantäne aufeinander losgelassen worden sind, finden also auf dem Hintergrund von wachsender Arbeitslosigkeit, Betriebsstillegungen, Versorgungsengpässen und Wachstumsschwierigkeiten statt.

Es ist möglich, daß in einigen dieser Gesellschaften die Radikalisierung rivalisierender Gruppen durch eine kluge Führungsstruktur ausbalanciert wird; so versucht zum Beispiel Präsident Havel, der »Burg« in Prag dieselbe Sonderstellung zu verschaffen, die sie unter Tomáš G. Masaryk schon einmal hatte. Solche Versuche können gelingen. Wir müssen uns aber klarmachen, daß ein Gemisch aus auflodderndem Nationalismus und ausbleibenden Reformerfolgen ziemlich explosiv ist.

In schwierigen wirtschaftlichen Situationen sind Populismus und Nationalismus oft Ersatz für persönlichen Er-

folg: Wer auf wenig stolz sein kann, versucht, sich wenigstens auf seine Abstammung oder seine Geschichte
etwas einzubilden. Die Westeuropäer sollten sich nicht
belügen: Ihre herzliche, ungespielte und durch manchen
symbolischen Akt unterstützte Mitteleuropa-Begeiste-
rung sättigt die Mitteleuropäer nicht; und trotz des
Reichtums mancher westeuropäischer Gesellschaften ist
nicht zu sehen, wie die Regierungen größer angelegte
ökonomische Hilfsaktionen durchsetzen könnten. Das
Wort »Marshall-Plan« kommt zwar inzwischen in jeder
zweiten Politiker-Rede vor; aber da die Forderungen für
entsprechende Pläne für Osteuropa, für die Dritte Welt
oder für Maßnahmen gegen die Umweltzerstörung un-
verbunden nebeneinandergestellt werden, ist wenig
Hoffnung, daß einer dieser Pläne auch wirklich realisiert
wird.

Viertens befindet sich die Einigung Europas in einer
prekären Phase. Einerseits hat die Europäische Gemeinschaft im letzten halben Jahrzehnt erstaunliche
Fortschritte zu verzeichnen. Die Entwicklung eines Bin-
nenmarkts für 320 Millionen Menschen, die ersten, er-
folgversprechenden Schritte zu einer Wirtschafts- und
Währungsunion, der Beschluß der Europäischen Akte
und die ersten Ansätze einer gemeinsamen Außen- und
Sicherheitspolitik, all diese Entwicklungen hätte man
um das Jahr 1980 herum nicht vermuten dürfen. Andererseits ist der Weg zu neuen Formen einer europäischen Staatsorganisation noch weit. Die Nationalstaaten
sind schon zu schwach, um ihre klassischen Funktionen
zu erfüllen; und zugleich noch stark genug, um – wenn
eine Welle nostalgischer oder populistischer Stimmun-
gen durchs Land spült – eine wirksame supranationale
europäische Politik zu verhindern. Die Kompetenzen

sind sehr verteilt; die wirtschaftliche Vereinigung Europas konkretisiert sich in der EG, die sicherheitspolitische in der NATO. Aber nicht alle Mitglieder der einen supranationalen Organisation sind auch Mitglied der anderen; die Nationalstaaten selbst haben wichtige Kompetenzen übrigbehalten; weitere liegen wiederum bei Regionen und Bundesländern.

In dieser Situation tauchen Vorschläge auf, das Nebeneinander unterschiedlicher Handlungsebenen noch mehr zu komplizieren. Diese Vorschläge laufen darauf hinaus, einen engeren Kern der Europäischen Gemeinschaft zu bilden, der zu einer Wirtschafts- und Währungsunion sowie zu enger Verzahnung der Außen- und Sicherheitspolitik kommt, in den weiteren Kreis der Gemeinschaft aber, der sich zu solcher Intensivierung der Zusammenarbeit nicht entschließen kann, auch noch neue Partner aufzunehmen: Österreich, Ungarn, die Tschechoslowakei, wen immer.

Dazu kommt das Demokratie-Defizit der Europäischen Gemeinschaft, also die starke Stellung der nationalen Regierungen und die schwache Stellung des Europäischen Parlaments. In einer solchen Situation ist die Gefahr groß, daß irgendwann einmal in irgendeinem der Länder die Sicherungen durchbrennen. Wenn dann ein wirksamer Populist klare Verhältnisse fordert, eine überschaubare Beziehung zwischen Volkssouveränität, Herrschaft und Administration, könnte das komplizierte, kunstvolle, aber noch ungefestigte Gebilde des neuen Europa rasch einstürzen.

Vor allem müssen wir alle Konzentrationen darauf verwenden, das neue, größere Deutschland fest in Westeuropa zu vertäuen. Wie labil die Situation ist, sieht man an zwei kleinen, fast unbeachtet gebliebenen Vorfällen:

Als Helmut Kohl einige Wochen zögerte, die polnische Westgrenze endgültig anzuerkennen, gab es plötzlich eine symbolische Erneuerung der französisch-polnischen Beziehungen um Deutschland herum – Präsident Mitterrand lud Präsident Jaruzelski und Ministerpräsident Mazowiecki demonstrativ nach Paris ein. Und als der italienische Außenminister de Michelis begann, die Kooperation der Donau/Adria-Staaten zu intensivieren und die Arbeitsgemeinschaft Alpen/Adria, die von Grenzregionen wie dem Friaul, Kärnten, Slowenien, Bayern, der Steiermark, Kroatien, den italienischen Regionen Veneto, Lombardei, Trient, Südtirol und schließlich vier westungarischen Komitaten gebildet war, plötzlich (in einer fragwürdigen Wendung zum Nationalstaat) zu einer Zusammenarbeit von Italien, Österreich, Ungarn, Jugoslawien und der Tschechoslowakei umzubauen, da wurde in einigen dieser Staaten die neue Initiative sofort als Gegengewicht gegen eine »deutsche Übermacht« in Mitteleuropa interpretiert.

Die »Pentagonale«, wie man die Organisation von da an nannte, könnte der Kern einer neuen Donauföderation sein. Diese Idee ist gar nicht schlecht. Daß sie aber sofort gegen Deutschland gewendet wurde, zeigt, mit welcher Vorsicht das größere Deutschland operieren muß. Es hat nur eine Erfolgschance, wenn es seine internationale Einbindung verstärkt, nicht schwächt. Je unabhängiger Deutschland würde, desto isolierter würde es – und schon wären wir auf der Rutschbahn hinunter in das alte Europa rivalisierender Nationalstaaten.

In dieser bewegten, gelegentlich auch stürmischen Lage, mit nervös-empfindlichen Akteuren, sollten sich die Europäer an *der* Planke festhalten, die den kompaktesten Eindruck macht. Das ist die Europäische Gemeinschaft. Das Ziel europäischer Politik können nur die Vereinigten Staaten von Europa sein; nicht im Sinne eines neuen europäischen Nationalstaates, der wieder alle Kompetenzen in einer Hand zentralisierte. Das neue Europa muß ein moderner Staat werden, ein föderalistischer, ein dezentralisierter, der trotzdem demokratisch legitimiert und handlungsfähig ist. Das aber muß heißen: die Europäische Gemeinschaft als Nukleus Vereinigter Staaten von Europa. Die EG muß die Attitüde überwinden, als ob sie eine Art Spezialagentur sei, eine koordinierende Administration für Wirtschaft und Währung, die nebenbei auch hin und wieder etwas anderes, zum Beispiel Außenpolitisches, erledigt.

Die Nationalstaaten haben der Europäischen Gemeinschaft schon wichtige Teile von Souveränität übertragen; wenn die Wirtschafts- und Währungsunion vollendet sein wird, wird man davon sprechen können, daß eine supranationale Organisation erstmals – und in deutlichem Unterschied zum Völkerbund oder zur UNO – Staatsqualität erreicht. Das ist der *point of no return,* und der muß erreicht werden, wenn die europäische Einigung diesmal nicht genauso scheitern soll wie bei früheren Anläufen.

Die Konsequenz aus diesen Überlegungen lautet: Die Europäische Gemeinschaft muß sich in all den schweren Konflikten, die bevorstehen, so verhalten, als ob sie der Kern Vereinigter Staaten von Europa wäre. Die Europäische Kommission unter Delors hat das begriffen, im Ministerrat gibt es eine kooperierende und eine dissentierende Gruppe. Alles wird auf das erste Jahrfünft der neunziger Jahre ankommen.

Politik ist kein Sachgebiet, Politik ist ein Produktionsprozeß, Arbeit der Zuspitzung. Bestimmte Tatbestände,

Abläufe, Konflikte liegen oft jahrelang herum. Sie sind politischer Rohstoff, man könnte sie politisieren, aber gelegentlich politisiert sie niemand. So ist es, jedenfalls in Deutschland, mit der europäischen Politik. Alle, von ein paar Randfiguren abgesehen, sind für Europa. Seit 1989 sind auch alle für »Gesamteuropa«, also die Osterweiterung. Sogar für Gorbatschows »europäisches Haus« trat eine erdrückende Mehrheit des deutschen Establishments ein. Die mitteleuropäische Revolution wirkte auf die politischen Klassen wie eine sanfte Droge: Alle wurden mild, gesprächig, locker und zuhörfähig. Radikale Abrüstung? Aber selbstverständlich. Die Sowjetunion als Mitglied der NATO? Ein etwas extravaganter Gedanke, aber warum nicht? Ersetzen wir die Bündnisse durch die Konferenz für Sicherheit und Zusammenarbeit in Europa? Eine gute Idee. Wer weiß, ob wir im nächsten Jahrhundert überhaupt noch Soldaten brauchen. Es gibt schon Verteidigungsminister, die Baskenmützen tragen.

Ich mißtraue diesem Frieden. Deswegen sind die sechs Thesen, mit denen ich jetzt diese Rede abschließe, nicht übertrieben diplomatisch formuliert. Ich will keinen neuen Nationalismus. Ich will Europa. Einen solch schwierigen Staatsbildungsprozeß bewältigt man aber nicht, indem man alles versteht, alles verzeiht, Gorbatschow genauso zu seinem Recht kommen läßt wie Jelzin und Landsbergis und im übrigen rezeptiv bleibt. Wenn Europa entstehen soll, werden wir uns dazu durchringen müssen, vielen tapferen, klugen, sympathischen Leuten zu sagen, daß wir ihre Forderungen nicht erfüllen können. Nicht, weil wir unverständig und bösartig wären, sondern weil unser Handlungsspielraum verzweifelt klein ist.

Meine sechs Thesen zur Weiterentwicklung der Vereinigten Staaten von Europa lauten folgendermaßen:

Erstens: Wenn die Europäische Gemeinschaft der Kern eines europäischen Bundesstaates der Zukunft werden soll, dann muß sie sich zur supranationalen Entscheidungsinstanz entwickeln, bevor sie sich erneut erweitert. Man kann lange darüber streiten, ob es nicht besser gewesen wäre, eine kleinere Gemeinschaft zu schaffen, die das Hauptvolumen der wichtigen politischen Entscheidungen auf die Gemeinschaft übertragen hätte; dieser Streit hilft jetzt aber niemandem. Für heute gilt: Nur eine starke Europäische Gemeinschaft wird in der Lage sein, die politische Entwicklung in Ostmitteleuropa so zu stützen, daß Gesamteuropa überhaupt eine mögliche politische Perspektive wird. Deshalb muß, wer eine Osterweiterung der Gemeinschaft anstrebt, zuerst für eine Stärkung der Gemeinschaft der Zwölf eintreten, vor allem für die Schaffung eines währungspolitischen Entscheidungszentrums. Die größte Gefahr für die Europäische Gemeinschaft ist heute ein Hinundherschwanken zwischen einer nach innen gestärkten Gemeinschaft und ihrer Verwässerung innerhalb eines größeren Gefüges.

Die pragmatische Ostpolitik der Europäischen Gemeinschaft (bilaterale Assoziationsverträge, Unterstützung einer Europäischen Entwicklungsbank, Koordinierung von gemeinsamen Aktionen der OECD-Staaten in der Gruppe der Vierundzwanzig, der G 24) muß fortgeführt, auch intensiviert werden. Dieser Weg ist ein vernünftiger Beitrag zur Entwicklung Ostmitteleuropas; aber man sollte sich eingestehen, daß er nicht der große Wurf ist. Die politischen und ökonomischen Probleme der ostmitteleuropäischen Staaten werden auf diesem

Weg nicht bewältigt. Die Europäische Gemeinschaft hilft, aber sie setzt sich nicht aufs Spiel.

Das ist kein übertrieben wagemutiger, aber der angesichts der politischen Situation in den Mitgliedsstaaten der EG einzig gangbare Weg. Er kann dazu führen, daß auf mittlere Sicht in Mittel-, Ost- und Südosteuropa eigene Kooperationsformen, unter Umständen auch unter Beteiligung von Staaten der Europäischen Freihandelszone, entstehen. Die Entwicklung solcher Föderations-Kerne sollte die Europäische Gemeinschaft nicht als Konkurrenz und Gegnerschaft einordnen, sondern fördern und in ein europäisches Beziehungsgeflecht einbeziehen.

Die Frage, ob Europa in irgendeiner Zukunft von Brest bis Brest-Litowsk in einer staatlichen Organisation vereinigt sein kann, muß offenbleiben; eine solche Utopie ist vielleicht nicht abwegig, aber ihre Realisierung liegt doch in jedem Fall noch in weiter Ferne. Was sich die Europäer allerdings unter keinen Umständen leisten dürfen, ist eine Zukunftsperspektive, die so umfassend ist, daß jeder konkrete Schritt auf sie zu als unrealistisch, zwecklos, fast ein bißchen lächerlich empfunden wird.

Die Europäische Gemeinschaft muß, wie es die Europäische Akte von 1986 ermöglicht hat, ihre außen- und sicherheitspolitische Zusammenarbeit ausbauen. Sicherheitspolitik heißt in diesem historischen Moment noch nicht Verteidigungspolitik. Für den Tag allerdings, an dem das Atlantische Bündnis durch eine stärkere Konzentration der Amerikaner auf ihre eigenen Aufgaben oder auch durch andere Entwicklungen seine Kraft verliert, muß sich die Europäische Gemeinschaft bereit halten. Sie ist, neben der NATO, das einzige Bündnis mit

Integrationskraft. Solange die NATO arbeitsfähig ist, muß die EG diese Integrationsfähigkeit auf militärischem Gebiet nicht beweisen. Aber es kann eine Situation auftreten, in der die Europäer ihre eigene Verteidigung selbst organisieren müssen. Die Struktur, in der das dann möglich ist, ist die EG; niemand anders.

Zweitens: Die Beendigung des Kalten Krieges, der Abzug sowjetischer Truppen aus einer Reihe ostmitteleuropäischer Staaten, die deutsche Vereinigung und der beginnende Verfall des Warschauer Pakts dürfen nicht dazu führen, daß der Prozeß von Abrüstung und Rüstungskontrolle versandet. Die Veränderungen der Streitkräftestrukturen, ihre konsequente Defensivausrichtung und die weitere Reduzierung der Hauptwaffensysteme müssen fortgesetzt werden. Deswegen liegt eine rasche Auflösung des Warschauer Pakts nicht im Interesse des Westens; wir brauchen einen Verhandlungspartner. Sie mag wahrscheinlich sein; herbeisehnen sollten wir sie nicht.

Die Bedenken mancher ostmitteleuropäischer Staaten, daß sie durch den Warschauer Pakt allzu eng mit der Sowjetunion verbunden bleiben, könnte man auch durch beiderseitige Nichtangriffs- und Beistandsverpflichtungen aufgreifen. Denkbar wäre ein Gürtel von Staaten (zum Beispiel Polen, die Tschechoslowakei und Ungarn), die sich beiden Bündnissen gegenüber verpflichteten, jeden Durchzug fremder Truppen in oder über ihr Territorium nach Kräften zu behindern. Im österreichischen oder im finnischen Verteidigungskonzept gibt es Vorbilder für solche Konzepte. In Henry Kissingers Satz, daß nicht jeder mit jedem verbündet sein könne, weil sonst keiner mit keinem verbündet sei, steckt ein Stück Realismus und ein Stück Zynismus.

Eine dreiteilige Sicherheitsstruktur – mit zwei Bündnissen und einer Pufferzone – könnte die realistischen Bedenken Kissingers aufgreifen, ohne zu zynischen Konsequenzen zu kommen.

Drittens: Ohne die Konferenz für Sicherheit und Zusammenarbeit in Europa wäre die mitteleuropäische Revolution nicht erfolgreich gewesen. Die KSZE hat den großen Vorteil, die europäischen Staaten sowohl mit der Sowjetunion als auch mit den Vereinigten Staaten und Kanada zu verbinden. Ihre Nachfolgekonferenzen haben, etwa bei der Verankerung von Menschenrechten und Volksgruppenrechten, große Erfolge verzeichnen können (beispielsweise die Kopenhagener Konferenz 1990). Es ist deshalb sinnvoll und notwendig, bestimmte Aspekte und Errungenschaften des KSZE-Prozesses zu verfestigen, zu institutionalisieren.

Auf vielen wichtigen Gebieten könnte die KSZE Koordinationsaufgaben übernehmen: Sie könnte ein Forum für den kontinuierlichen Dialog hochrangiger Militärs sein, die Verifikation der Rüstungskontrolle übernehmen, ein *Risc Reduction and Crisis Management Center* einrichten, ein Instrument zur Streitschlichtung bilden und Aktionen von Militärs koordinieren, die außerhalb des militärischen Bereichs liegen.

Kein Staat wird in der Lage sein, von heute auf morgen all seine Soldaten nach Hause zu schicken – schon deshalb nicht, weil auch nach dem Kalten Krieg militärische Aufgaben übrigbleiben. Aber warum sollten Militärs nicht auch an einer international koordinierten Katastrophenhilfe, bei der Überwachung von Umweltschutzabkommen und an Infrastruktur-Projekten, zum Beispiel bei der Entwicklungshilfe, beteiligt sein? Die KSZE kann zum weiteren Zusammenwachsen Europas – und zur

Kooperation der Europäer mit ihren Flankenmächten – einen entscheidenden Beitrag leisten. Sie sollte gestärkt, verfestigt und unangreifbar gemacht werden.

Viertens: Die wichtigste Aufgabe der KSZE wird dabei die Einrichtung einer wirksamen Konfliktverhütung und Konfliktschlichtung sein. Das Stichwort heißt *peace keeping missions;* und die Frage richtet sich darauf, wie Staaten daran gehindert werden können, unter dem Vorwand ihrer »Souveränität« völkerrechtswidrig zu handeln. Die Verbrechen, um die es dabei geht, sind seit vielen Jahrzehnten bekannt: Verweigerung kultureller und politischer Autonomie für Minderheiten, Zwangsassimilation, innerstaatliche Deportation, Vertreibung, Völkermord. Wenn die Europäer nicht zu einem System finden, mit dem solche Verbrechen rasch und effektiv bekämpft werden können, dürften sich Millionen von Menschen bald nach der zweifelhaften Hegemonie der beiden Weltmächte USA und Sowjetunion zurücksehnen, die gerade zu Ende gegangen ist.

Für ein Konfliktverhütungszentrum gibt es praktische Vorschläge. So haben der Präsident der ČSFR, Václav Havel, und sein Außenminister Dienstbier eine »Europäische Sicherheitskommission« vorgeschlagen. Gorbatschow, Genscher, Kohl und andere haben ein »Europäisches Konfliktverhütungszentrum« als politisches Instrument der Konsultation und der Streitschlichtung zwischen allen europäischen Staaten ins Gespräch gebracht; und ganz kühne Leute (wie der Friedens- und Konfliktforscher Dieter Senghaas) reden schon über ein erweitertes Konzept kollektiver Sicherheit mit einer integrierten multinationalen Friedenstruppe, die bei lokalen Konflikten intervenieren könnte. Hier liegen die Themen der Zukunft.

Es wird nicht leicht sein, diesem Konfliktverhütungszentrum der KSZE Einfluß und Macht zu verschaffen.
Die KSZE dürfte bald nicht mehr aus 35, sondern aus 40,
42 oder 45 Staaten bestehen. Wie gut man mit dem Rumänen Iliescu, mit dem Serben Milošević, mit dem
Kroaten Tudjman, mit dem Litauer Landsbergis oder
mit dem Türken Özal über Konflikte sprechen kann, die
innerhalb ihrer Länder auftreten, wird sich zeigen. Wir
müssen alles tun, damit wir nicht wieder in die Lage des
Völkerbundes geraten; sein Minderheiten-Sekretariat
kannte alle Probleme und machte zu allen Problemen
vernünftige Vorschläge – nur setzte es kaum einen davon durch. Aus diesem Grund darf man die KSZE nicht
alleinlassen. Ihre Durchsetzungsmacht muß von anderen Einrichtungen verstärkt werden. Die wichtigste dieser Einrichtungen ist die Europäische Gemeinschaft.

Fünftens: Auf eine Illusion sollten sich die Europäer
allerdings nicht stützen; auch nicht die europäische
Linke. Das ist die Illusion, als ob die KSZE die Militärbündnisse – für uns im Westen: die NATO – ersetzen
könnte. Solche Ideen sind vor allem für die Deutschen
gefährlich, die sich nicht darüber täuschen sollten, daß
ihre Armee von den Nachbarn vor allem deshalb akzeptiert wird, weil sie innerhalb der NATO in eine internationale Kommandostruktur eingebunden ist. Die Staaten der KSZE sind viel zu unterschiedlich, als daß es dort
einen gemeinsamen Oberbefehl geben könnte. Wir
Deutschen würden einen großen Fehler machen, wenn
wir unseren neuen Freunden und alten Gegnern erzähl-
ten, daß wir so radikal abrüsten, daß ein gemeinsamer
Oberbefehl gar nicht mehr notwendig wäre. Die Zahl
derer, die uns das glauben würden, ist verdammt gering.
Im übrigen wäre die Auflösung einer integrierten milita-

rischen Struktur in Europa nicht ein Schritt auf Europa zu, sondern ein Schritt von Europa weg. Auch das schönste Versprechen weitgehender Abrüstung und äußerster Friedfertigkeit könnte eine solche Bewegung in die falsche Richtung nicht rechtfertigen.

Ich bitte die Deutschen, die sich jetzt anschicken, ein größeres, mächtigeres Deutschland zu begründen, sich klarzumachen, worin die Aufgabe von Bündnissen besteht. Es ist nicht die netzwerkartige Verknüpfung einzelner nationaler Akteure – gerade diese Verknüpfung hat bei Ausbruch des Ersten Weltkriegs zu einer verhängnisvollen Kettenreaktion geführt –, sondern es ist die Filterwirkung kollektiver Entscheidungsprozesse gegenüber dem Irrationalismus einzelner Völker oder Nationen. Dem einen, der gar nicht mehr anders kann, weil ihm seine Partei, sein Parlament, sein Volk im Nacken sitzt, können in einem Bündnis andere widersprechen. Bündnisse sind »schwerfällig«. Anders gesagt: Ein einzelner, nachdenklicher, bedenklicher, vorsichtiger Partner kann alle anderen eine ganz schön lange Zeit daran hindern, ihren rauschhaften Gefühlen nachzugeben. Diese Zeitspanne kann entscheidend sein; sie kann dazu führen, daß mancher aus seinem Rausch erwacht. Bündnisse sind Realitätsgaranten. Die bunte Mischung der KSZE-Staaten kann diese Aufgabe niemals übernehmen.

Mag sein, daß es notwendig werden wird, die Aufgaben der NATO irgendwann auslaufen zu lassen, anders gesagt: die Verteidigung Europas von den Europäern selbst organisieren zu lassen. Das heißt dann: Diese Aufgabe muß von der Europäischen Gemeinschaft übernommen werden. Es kann niemals heißen, daß man an die Stelle eines Bündnisses die lose Assoziation von vierzig oder fünfundvierzig Staaten setzt.

Sechstens: Die Europäer müssen eine Politik der gesamteuropäischen Verflechtung betreiben. Diese beginnt mit einer gleichberechtigten Mitwirkung der ostmitteleuropäischen Staaten – sobald diese Staaten demokratisiert sind – im Europarat und an den unterschiedlichen europäischen Programmen. Dazu gehören das EUREKA-Programm, die europäischen Normungsgremien, die europäischen Medienorganisationen und manches andere. Mit der Schaffung gemeinsamer gesamteuropäischer Institutionen sollte sofort begonnen werden. Das kann eine Gesamteuropäische Umweltagentur, eine Zentraleuropäische Kulturstiftung und eine Europäische Universität sein. Die Europäer zwischen Brest und Brest-Litowsk werden, wie gesagt, in absehbarer Zeit nicht in einem gemeinsamen Staat leben. Aber wir müssen ihnen das Bewußtsein zurückgeben, daß Europa vom Atlantik bis nach Rußland hineinreicht.

Wir Westeuropäer haben jetzt vierzig Jahre in dem Irrtum gelebt, hinter der Berliner Mauer und hinter dem Stacheldraht bei Waidhaus oder Schlutup beginne das Reich der Hunnen. Das war ein geschichtsloses, törichtes Gefühl. Es wird uns nicht gelingen, die Reue, die wir wegen dieses Gefühls empfinden, sofort zu der Kraft umzuformen, einen gesamteuropäischen multi-ethnischen Vielvölkerstaat zu begründen. Aber vielleicht können wir schöne Notlösungen schaffen. Das wäre die *arte di arrangiarsi* (Hauptstadt Neapel) – keine Perfektion, keine säuberlichen Aufteilungen, kein Ordnungsfanatismus, sondern Überlappungen, die Kunst der Arrangements auf Zeit. Wer die europäische Geschichte kennt, der weiß: Schöne Notlösungen funktionieren manchmal viele Jahrzehnte.

Ich räume jetzt dieses Rednerpult. Der mexikanische Schriftsteller Carlos Fuentes hat kürzlich an das große Gemälde von Max Ernst »Europa nach dem Regen« erinnert. Es war, nach dem Zweiten Weltkrieg, das Portrait eines daniederliegenden Kontinents am Rande des Todes, eines Europa, das zum Opfer seiner Blindheit geworden war.

Heute ist Europa glücklich. Und mit Recht: 1989 sind Millionen von Menschen aus ungerechter Herrschaft befreit worden. Das Glück wird allerdings nur anhalten, wenn die europäischen Eliten kalten Realismus und blitzschnelles Reaktionsvermögen zeigen. Die historische deutsche Silvesterfeier 1989 am Brandenburger Tor als symbolische Veranstaltung: Wie verständlich ist die Freude der europäischen Jugend – und wie gefährlich kann sie werden, wenn einige allzu bedenkenlos auf allzu ungesicherten Gerüsten herumklettern.

Das letzte Jahrzehnt des zwanzigsten Jahrhunderts wird für Europa eine große Auseinandersetzung zwischen Europäisierung und Nationalismus sein. Es wird gleichzeitig die Wiedergeburt einer harten Rechten bringen. Die Bandagen, die die politischen Klassen anlegen, werden härter werden; und manche werden Eisenstücke in die Handschuhe packen. Es geht ja auch wieder um mehr. Nach vier Jahrzehnten, in denen die beiden Supermächte Europa festgezurrt hatten wie eine gut vertäute Ladung von Zementsäcken, beginnen sich Seile und Gurte an mehreren Stellen gleichzeitig zu lösen. Man könnte es die Rückkehr zur Vielfalt nennen. Die flache Europa-Karte an der Wand – so hat Willy Brandt schon vor fünf Jahren prophezeit – wird wieder zum Relief. Sie ist zum Relief geworden. Es wird interessanter; also auch gefährlicher.

Ich bin sehr dafür, daß wir uns der interessanten Situation stellen; und den Gefahren begegnen. Allerdings warne ich vor allzu unbekümmerter Lebensfreude und allzu bedenkenlosem Optimismus – mit einem für einen Sozialdemokraten seltsamen Kronzeugen: mit Bismarck. Der hat im Juli 1864 aus Karlsbad an seine Frau geschrieben: »Das lernt sich in dem Gewerbe recht, daß man so klug sein kann wie die Klugen dieser Welt und doch jederzeit in die nächste Minute geht wie ein Kind ins Dunkle.« Diese Erkenntnis sollten wir Deutschen berücksichtigen; wir Deutschen besonders.

ANHANG

Dieser Anhang präsentiert zwei Dokumente: eine »historische« Auseinandersetzung mit dem Nationalitätenproblem, fast hundert Jahre alt – aus der österreichisch-ungarischen Monarchie, und die neueste, ganz und gar begrüßenswerte Errungenschaft der KSZE, einen Beschluß der Kopenhagener Konferenz über die »Menschliche Dimension der KSZE« vom Juni 1990. Die Parallelen sind verblüffend; in der »Therapie« ist das alte Dokument allerdings noch etwas weiter als das neue.

Das Nationalitätenprogramm der österreichischen Sozialdemokratie
(beschlossen am 29. September 1899 in Brünn).

»Da die nationalen Wirren in Österreich jeden politischen Fortschritt und jede kulturelle Entwicklung der Völker lähmen, da diese Wirren in erster Linie auf die politische Rückständigkeit unserer öffentlichen Einrichtungen zurückzuführen sind und da insbesondere die Fortführung des nationalen Streites eines jener Mittel ist, durch die die herrschenden Klassen sich ihre Herrschaft sichern und die wirklichen Volksinteressen an jeder kräftigen Äußerung hindern,

erklärt der Parteitag:

Die endliche Regelung der Nationalitäten- und Sprachenfrage in Österreich im Sinne des gleichen Rechtes und der Gleichberechtigung und Vernunft ist vor allem eine kulturelle Forderung, daher im Lebensinteresse des Proletariats gelegen;

sie ist nur möglich in einem wahrhaft demokratischen Gemeinwesen, das auf das allgemeine, gleiche und direkte Wahlrecht gegründet ist, in dem alle feudalen Privilegien im Staate und in den Ländern beseitigt sind, denn erst in einem solchen Gemeinwesen können die arbeitenden Klassen, die in Wahrheit die den Staat und die Gesellschaft erhaltenden Elemente sind, zu Worte kommen;

die Pflege und Entwicklung der nationalen Eigenart aller Völker in Österreich ist nur möglich auf der Grundlage des gleichen Rechtes und unter Vermeidung jeder Unterdrückung, daher muß vor allem anderen jeder bürokratisch-staatliche Zentralismus ebenso wie die feudalen Privilegien der Länder bekämpft werden.

Unter diesen Voraussetzungen, aber auch nur unter diesen, wird es möglich sein, in Österreich an Stelle des nationalen Haders nationale Ordnung zu setzen, und zwar unter Anerkennung folgender leitender Grundsätze:

1. Österreich ist umzubilden in einen demokratischen Nationalitätenbundesstaat.

2. An Stelle der historischen Kronländer werden national abgegrenzte Selbstverwaltungskörper gebildet, deren Gesetzgebung und Verwaltung durch Nationalkammern, gewählt auf Grund des allgemeinen, gleichen und direkten Wahlrechts, besorgt wird.

3. Sämtliche Selbstverwaltungsgebiete einer und derselben Nation bilden zusammen einen national einheitlichen Verband, der seine nationalen Angelegenheiten völlig autonom besorgt.

4. Das Recht der nationalen Minderheiten wird durch ein eigenes, vom Reichsparlament zu beschließendes Gesetz gewahrt.

5. Wir erkennen kein nationales Vorrecht an, verwerfen daher die Forderung einer Staatssprache; wie weit eine Vermittlungssprache nötig ist, wird das Reichsparlament bestimmen.

Der Parteitag, als das Organ der internationalen Sozialdemokratie in Österreich, spricht die Überzeugung aus, daß auf Grundlage dieser leitenden Sätze eine Verständigung der Völker möglich ist;

er erklärt feierlich, daß er das Recht jeder Nationalität auf nationale Existenz und nationale Entwicklung anerkennt;

daß aber die Völker jeden Fortschritt ihrer Kultur nur in enger Solidarität miteinander, nicht im kleinlichen Streit gegeneinander erringen können, daß insbesondere die Arbeiterklasse aller Zungen im Interesse jeder einzelnen Nation, wie im Interesse der Gesamtheit an der internationalen Kampfgenossenschaft und Verbrüderung festhält und den gewerkschaftlichen Kampf in einheitlicher Geschlossenheit führen muß.«

Konferenz über die
Menschliche Dimension der KSZE
Auszug aus dem Dokument des
Kopenhagener Treffens vom 29. Juni 1990

Angehörige nationaler Minderheiten haben das Recht, ihre Menschenrechte und Grundfreiheiten ohne jegliche Diskriminierung und in voller Gleichheit vor dem Gesetz voll und wirksam auszuüben.

Die Teilnehmerstaaten werden, wo dies erforderlich ist, besondere Maßnahmen ergreifen, um die volle Gleichheit von Angehörigen nationaler Minderheiten mit anderen Bürgern bei der Ausübung und dem Genuß der Menschenrechte und Grundfreiheiten zu gewährleisten.

Die Zugehörigkeit zu einer nationalen Minderheit ist Angelegenheit der persönlichen Entscheidung eines Menschen, und darf als solche für ihn keinen Nachteil mit sich bringen.

Angehörige nationaler Minderheiten haben das Recht, ihre ethnische, kulturelle, sprachliche und religiöse Identität frei zum Ausdruck zu bringen, zu bewahren und weiterzuentwickeln, und ihre Kultur in all ihren Aspekten zu erhalten und zu entwickeln, frei von jeglichen Versuchen, gegen ihren Willen assimiliert zu werden. Insbesondere haben sie das Recht,

– sich ihrer Muttersprache sowohl privat als auch in der Öffentlichkeit frei zu bedienen;

– ihre eigenen Bildungs-, Kultur- und Religionseinrichtungen, -organisationen oder -vereinigungen zu gründen und zu unterhalten, die um freiwillige Beiträge finanzieller oder anderer Art sowie öffentliche Unterstützung in Einklang mit den nationalen Rechtsvorschriften ersuchen können;

– sich zu ihrer Religion zu bekennen und diese auszuüben, einschließlich des Erwerbs und Besitzes sowie der Verwendung religiösen Materials, und den Religionsunterricht in ihrer Muttersprache abzuhalten;

– untereinander ungehinderte Kontakte innerhalb ihres Landes sowie Kontakte über die Grenzen hinweg mit Bürgern anderer Staaten herzustellen und zu pflegen, mit denen sie eine gemeinsame ethnische oder nationale Herkunft, ein gemeinsames kulturelles Erbe oder ein religiöses Bekenntnis teilen;

- in ihrer Muttersprache Informationen zu verbreiten und auszutauschen und zu solchen Informationen Zugang zu haben;
– Organisationen oder Vereinigungen in ihrem Land einzurichten und zu unterhalten und in internationalen nichtstaatlichen Organisationen mitzuarbeiten.

Angehörige nationaler Minderheiten können ihre Rechte einzeln oder in Gemeinschaft mit anderen Mitgliedern ihrer Gruppe ausüben und genießen. Aus der Ausübung oder Nichtausübung eines dieser Rechte darf kein Nachteil für Angehörige einer nationalen Minderheit erwachsen.

Die Teilnehmerstaaten werden die ethnische, kulturelle, sprachliche und religiöse Identität nationaler Minderheiten auf ihrem Territorium schützen und Bedingungen für die Förderung dieser Identität schaffen. Sie werden diesbezüglich die notwendigen Maßnahmen ergreifen, und zwar nach entsprechenden Konsultationen in Einklang mit den Entscheidungsverfahren des jeweiligen Staates, wobei diese Konsultationen Kontakte mit Organisationen oder Vereinigungen solcher Minderheiten einschließen.

Jede dieser Maßnahmen wird mit den Prinzipien der Gleichheit und Nicht-Diskriminierung in bezug auf die anderen Bürger des betreffenden Teilnehmerstaates in Einklang stehen.

Die Teilnehmerstaaten werden sich darum bemühen, Angehörigen nationaler Minderheiten, ungeachtet der Notwendigkeit, die offizielle Sprache oder die offiziellen Sprachen des betreffenden Staates zu erlernen, in Einklang mit den anwendbaren nationalen Rechtsvorschriften entsprechende Möglichkeiten für den Unterricht ihrer Muttersprache oder in ihrer Muttersprache sowie, wo immer dies möglich und notwendig ist, für deren Gebrauch bei Behörden zu gewährleisten.

Im Zusammenhang mit dem Unterricht von Geschichte und Kultur in Bildungseinrichtungen werden sie auch die Geschichte und Kultur der nationalen Minderheiten berücksichtigen.

Die Teilnehmerstaaten werden das Recht von Angehörigen nationaler Minderheiten achten, wirksam an öffentlichen Angelegenheiten teilzunehmen, einschließlich der Mitwirkung in Angelegenheiten betreffend den Schutz und die Förderung der Identität solcher Minderheiten.

Die Teilnehmerstaaten nehmen die Bemühungen zur Kenntnis,

die ethnische, kulturelle, sprachliche und religiöse Identität bestimmter nationaler Minderheiten zu schützen und Bedingungen für ihre Förderung zu schaffen, indem sie als eine der Möglichkeiten zur Erreichung dieser Ziele geeignete lokale oder autonome Verwaltungen einrichten, die den spezifischen historischen und territorialen Gegebenheiten dieser Minderheiten Rechnung tragen und in Einklang mit der Politik des betreffenden Staates stehen.

...

Die Teilnehmerstaaten verurteilen klar und unmißverständlich Totalitarismus, Rassenhaß und Haß zwischen Volksgruppen, Antisemitismus, Fremdenhaß und Diskriminierung irgendeines Menschen sowie die Verfolgung aus religiösen und ideologischen Gründen. In diesem Zusammenhang erkennen sie ebenfalls die besonderen Probleme der Roma (Zigeuner) an.

ANREGUNGEN ZUM WEITERLESEN

Nationalismus – Die Grundsatzfrage

Die Konzeption dieser Reden ist am stärksten beeinflußt von drei Wissenschaftlern, die aus der alten Welt der Vielvölkerstaaten stammen und später durch ihren Lebensweg in enge Berührung mit dem angelsächsischen Denken gekommen sind. Von Karl Deutsch, geboren 1912 in Prag, später Professor am Massachusetts Institute of Technology und in Harvard, der die Nation als Kommunikationsgemeinschaft definiert hat, Emerich Francis, geboren 1906 in Gablonz/Böhmen, später Professor in Kanada und München, dessen Werk »Ethnos und Demos« analytisch und empirisch Hunderte von Vorurteilen weggeräumt, sowie Eric Hobsbawm, geboren 1917 als Sohn von Leopold Percy Hobsbawm und Nelli Gruen in Alexandria, heute Professor in London, dem einzigen Marxisten dieser drei, der die Nationalitätenfrage keineswegs zum Hauptthema seiner Lebensarbeit gemacht hat, aber mit einigen wenigen, prägnanten Aufsätzen das Weltbild der europäischen Linken zu dieser Frage geprägt hat.

Zum Thema Sprachnationalismus hat mich das Grundsatzwerk »Gruppe, Sprache, Nation« des Berliner Balkanologen Norbert Reiter sehr beeindruckt. Nicht vorbeigehen kann man nach wie vor an den klassischen Werken von Friedrich Meinecke (»Weltbürgertum und Nationalstaat«) und Hans Kohn (»Die Idee des Nationalismus«). Das gleiche gilt für die ungeheuer materialreiche Studie »Grundsatzfragen der Ethnopolitik im 20. Jahrhundert« von Heinz Kloss. Man muß nicht alle seine Definitionen anwenden; er ist ein großer Erfinder von Taxonomien. Aber der Überblick, den das historisch-völkerrechtlich, rechtsgeschichtlich, ethno-geographisch usw. höchst informierte Werk vermittelt, ist imponierend. Ein unvergeßlicher Text ist das Kapitel »Der Niedergang des Nationalstaats und das Ende der Menschenrechte« in Hannah Arendts berühmter Studie »Elemente totaler Herrschaft«.

Hannah Arendt, Elemente totaler Herrschaft. Frankfurt/Main 1958.

Karl W. Deutsch, Der Nationalismus und seine Alternativen. München 1972.

Ders., Nationalism and social communication. o. O. 1953.

Henning Eichberg, Abkoppelung – Nachdenken über die neue deutsche Frage. Koblenz 1987.

Emerich Francis, Ethnos und Demos. Berlin 1965.

Francis Fukuyama, Das Ende der Geschichte? In: *Europäische Rundschau* 4/1989, S. 3–25.

Harald Haarmann, Elemente einer Soziologie der kleinen Sprachen Europas, Bd. 1: Materialien zur Sprachenökologie. Hamburg 1983.

Hans Hecker/Silke Spieler (Hg.), Deutsche, Slawen, Balten – Aspekte des Zusammenlebens im Osten und des Deutschen Reiches in Ostmitteleuropa. Bonn 1989.

Friedrich Heckmann, Volk, Nation, ethnische Gruppen und ethnische Minderheiten – Zu einigen Grundkategorien von Ethnizität. *ÖZS* 13. Jg., 3/1988, S. 13–31.

Eric Hobsbawm, Some reflections on nationalism, in: A. H. Hanson (Hg.), Peter Nettl, A memoir. London 1972.

Ders., Bemerkungen zu Tom Nairns ›Modern Janus‹, in: T. Nairn/E. Hobsbawm/R. Debray/M. Loewy (Hg.), Nationalismus und Marxismus – Anstoß zu einer notwendigen Debatte. Berlin o. J. (1978). Rotbuch 199, S. 45 ff.

Miroslav Hroch, Die Vorkämpfer der nationalen Bewegung bei den kleinen Völkern Europas. Prag 1968.

Heinz Kloss, Grundfragen der Ethnopolitik im 20. Jahrhundert – Die Sprachgemeinschaft zwischen Recht und Gewalt. Bad Godesberg 1969.

Hans Kohn, Die Idee des Nationalismus – Ursprung und Geschichte bis zur Französischen Revolution. Frankfurt/Main 1962.

Eugen Lemberg, Die Geburt der Nationen – Um eine Theorie des Nationalismus, in: *Studium Generale* 5/1962, S. 21 ff.

Ders., Nationalismus, 2 Bde. Reinbek b. Hamburg 1964.

M. Rainer Lepsius, Das Erbe des Nationalsozialismus und die politische Kultur der Nachfolgestaaten des großdeutschen Reiches – Verhandlungen des 24. Deutschen Soziologentages. Frankfurt/New York 1989.

Friedrich Meinecke, Weltbürgertum und Nationalstaat. München 1969 (erstmals 1907).

Wolfgang Mommsen, Nation und Geschichte – Über die Deutschen und die deutsche Frage. München 1990.

Friedrich Prinz, Geschichte Böhmens 1849–1948. o. O. 1988.

Norbert Reiter, Gruppe, Sprache, Nation. Berlin 1984.

Max Scheler, Nation und Weltanschauung. Leipzig 1923.

Franjo Tudjman, Nationalism in contemporary Europe. New York 1981.

Peter Waldmann, Ethnischer Radikalismus – Ursachen und Folgen gewaltsamer Minderheitenkonflikte. Opladen 1989.

Leo Weisgerber, Sprachenrecht und europäische Einheit. Köln/Opladen 1959.

Hermann Wendel, Der Marxismus und die Südslawenfrage, in: *Die Gesellschaft,* 1. Jg., Mai 1924, S. 153 ff.

Bernhard Willms, Die deutsche Nation – Theorie, Lage, Zukunft. Hohenheim 1982.

Giselher Wirsing, Zwischeneuropa und die deutsche Zukunft. Jena 1932.

Die Herstellung der Deutschheit

Die wichtigste Erkenntnis bekommt man natürlich bei der Lektüre der Original-Texte, also vor allem von Herders »Ideen zur Philosophie der Geschichte der Menschheit« und Fichtes »Reden an die deutsche Nation«. Letzterer Text sollte – zur Abschreckung – in das Curriculum höherer Schulen eingebaut werden; dann kann man sich Arndts »Germanien und Europa« und Jahns »Deutsches Volksthum« ruhig sparen.

Hilfreich für die Genealogie des Nationalismus in Deutschland ist die Studie von Doris Mendlewitsch: »Volk und Heil«. Die Kategorien zur Bewertung »des Machens« von Nationalismus stammen aus Saul Friedländers sensibler Studie »Kitsch und Tod« und Murray Edelmans schon klassischer kommunikationswissenschaftlicher Arbeit »Politik als Ritual«.

Ernst Moritz Arndt, Germanien und Europa. Stuttgart/Berlin 1940 (erstmals 1802).

Kurt Christian, Bernard Bolzano – Leben und Wirken. Wien 1981.

Otto Dann, Herder und die Deutsche Bewegung, in: Gerhard Sauder: Johann Gottfried Herder 1744–1803. Hamburg o. J.

J. Draheim, Johann Gottlieb Fichte. Berlin 1920.

Murray Edelman, Politik als Ritual – Die symbolische Funktion staatlicher Institutionen und politischen Handelns. Frankfurt/ Main 1976.

Immanuel Hermann Fichte, Johann Gottlieb Fichtes Leben und literarischer Briefwechsel. Leipzig 1862.

Johann Gottlieb Fichte, Reden an die deutsche Nation. Leipzig 1909 (erstmals 1807).

Ders., Über die Bestimmung des Gelehrten – Fünf Vorlesungen. Stuttgart 1959 (erstmals 1794).

Ders., Über den Begriff des wahrhaften Krieges. Berlin 1936 (erstmals 1813).

Ernst Frank, Friedrich Ludwig Jahn – Ein moderner Rebell. o. O. 1972.

Saul Friedländer, Kitsch und Tod – Der Widerschein des Nazismus. München 1986.

Johann Gottfried von Herder, Sämtliche Werke. Hg. von B. Suphan. Berlin 1877–1913. 33 Bde. Nachdruck Hildesheim 1967/68.

Friedrich Ludwig Jahn, Deutsches Volksthum. Lübeck 1810.

Ders., An das deutsche Volk. Flugblatt 1813.

Friedrich Ludwig Jahn/Ernst Eiselen, Die deutsche Turnkunst. Leipzig 1960.

Doris Mendlewitsch, Volk und Heil – Vordenker des Nationalismus im 19. Jahrhundert. Rheda-Wiedenbrück 1988.

Hermann Pakull, Ernst Moritz Arndt und wir – Nationalpolitische Weckrufe und Wegweisungen. Langensalza/Berlin/Leipzig 1939.

Paul Piechowsky, Friedrich Ludwig Jahn – Vom Turnvater zum Volkserzieher. Gotha 1928.

Niko Wallner, Fichte als politischer Denker – Werden und Wesen seiner Gedanken über den Staat. Halle/Saale 1926.

Max Wundt, Johann Gottlieb Fichte. Stuttgart 1927.

Die marxistische Nationalitätendebatte

Einen erstklassigen Überblick gibt Hans Mommsens Lexikon-Artikel »Nationalismus – Nationalitätenfrage« in »Sowjetsystem und demokratische Gesellschaft«. Als Original-Texte sollte man unbedingt Karl Renners »Staat und Nation« und Otto Bauers »Die Nationalitätenfrage und die Sozialdemokratie« zur Kenntnis nehmen; ebenso natürlich die Leninschen Aufsätze »Kritische Bemerkungen zur nationalen Frage« und »Über das Selbstbestimmungsrecht der Nationen«, obwohl deren Lektüre schwerfällt. Sie sind von vielen rüden Angriffen (auf Rosa Luxemburg, die Austro-Marxisten und viele andere) durchsetzt, und es wimmelt nur so von Beschimpfungen wie »Liquidator«, »Opportunist«, »Lakai«, »Tirade«. Eine gute Übersicht über die Diskussion gibt die Arbeit von Roman Rosdolsky, wenn auch aus einer noch ziemlich orthodoxen Sicht; aber sie enthält eine Fülle von interessanten Funden.

Otto Bauer, Nationalitätenfrage und Sozialdemokratie, in:
O. Bauer, Werkausgabe, Bd. 1. Wien 1975. S. 49 ff.
Karl Marx/Friedrich Engels, Der magyarische Kampf, in:
K. Marx/F. Engels, Werke, Bd. 6. Berlin 1961.
W. I. Lenin, »Kritische Bemerkungen zur nationalen Frage« und »Über das Selbstbestimmungsrecht der Nationen«, beide Aufsätze in: W. I. Lenin, Werke, Bd. 20 (Dezember 1913 – August 1914). Berlin 1971.
Rosa Luxemburg, Die polnische Frage auf dem Internationalen Kongreß in London, in: R. Luxemburg, Internationalismus und Klassenkampf – Die polnischen Schriften. Neuwied/Berlin 1971 (erstmals 1896).
Dies., Die industrielle Entwicklung Polens, in: R. Luxemburg, Gesammelte Werke, Bd. 1: 1893–1905/1. Halbband. Berlin 1970 (erstmals 1898).
Hans Mommsen, Nationalismus – Nationalitätenfrage, in: Sowjetsystem und demokratische Gesellschaft – Eine vergleichende Enzyklopädie, Bd. 4, S. 624 ff.
Karl Renner, Staat und Nation – Zur österreichischen Nationalitätenfrage. Wien 1899.
Roman Rosdolsky, Friedrich Engels und das Problem der

geschichtslosen Völker, in: *Archiv für Sozialgeschichte* 4 (1964),
S. 87–282.
Bohumir Šmeral, Národnosti otzka v sociálni demokracii až do
sjezdu hajnfeldského. Praha 1956. (Die Nationalitätenfrage in der
Sozialdemokratie bis zum Hainfelder Parteitag.)
Josef Stalin, Marxismus und nationale Frage. Moskau 1945
(erstmals 1913).

Souveränität – Selbstbestimmung – Sezession

Über die Entwicklung des Staatsbegriffs informiert man sich am
besten bei den Klassikern: Hermann Heller, Carl Schmitt. Dort
auch die entsprechenden Analysen des Begriffs »Souveränität«.
Eine hochdifferenzierte Auseinandersetzung mit der Geistesge-
schichte der Umsiedlung unerwünschter Volksgruppen liegt von
Ludwig von Gogolak (in Walter Schätzels und Theodor Veiters
»Handbuch des internationalen Flüchtlingsrechts«) vor. Die geschichtlichen Grundlagen des Selbstbestimmungsrechts der Völker findet man zuverlässig zusammengestellt bei Kurt Rabl, in der
neueren Diskussion bei Daniel Thürer und in einer Zusammen-
stellung der Vereinten Nationen von 1981. Das Thema »Sezession« hat ausführlich und kompetent Lee C. Buchheit in einer
eigenen Studie »Secession« abgehandelt, mit ausführlichem Bei-
spielmaterial über Sezessionen im Kongo, über die Kurden, über
Biafra, Bangladesch usw. Für Literaturhinweise zu dieser Proble-
matik bin ich Professor Dr. Albrecht Randelzhofer verpflichtet.

Dieter Blumenwitz/Boris Meissner, Das Selbstbestimmungsrecht
der Völker und die deutsche Frage. Köln 1984.
Lee C. Buchheit, Secession. The legitimacy of selfdetermination.
New Haven/London 1978.
Prodromos Dagtoglou, Souveränität, in: Evangelisches Staats-
lexikon, Bd. II (N–Z). Stuttgart 1987.
M. Crawford Young, Nationalism, ethnicity and class in Africa: A
retrospective, in: *Cahiers d'études Africaines,* 102/XXVI – 3/1986,
S. 421 ff.
Otto von Habsburg, Die Reichsidee – Geschichte und Zukunft
einer übernationalen Ordnung. Wien/München 1986.
Hermann Heller, Staatslehre. Tübingen 1983 (erstmals 1934).

Rudolf Hilf, Die Anwendung des westlichen Prinzips Nationalstaat und Mehrheitsdemokratie auf strukturell nicht homogene
Staaten (Manuskript).

Kurt Rabl, Das Selbstbestimmungsrecht der Völker – Geschichtliche
Grundlagen, Umriß der gegenwärtigen Bedeutung. München 1963.

Walter Schätzel/ Theodor Veiter (Hg.), Handbuch des internationalen Flüchtlingsrechts. Wien/Stuttgart 1960.

Carl Schmitt, Der Nomos der Erde im Völkerrecht des Jus Publicum Europaeum. Köln 1950.

Daniel Thürer, Das Selbstbestimmungsrecht der Völker – Mit
einem Exkurs zur Jura-Frage. Bonn 1976.

United Nations: The right to self-determination – Historical and
current development on the basis of United Nations instruments.
New York 1981.

Theodor Veiter, Nationalitätenkonflikt und Volksgruppenrecht
im 20. Jahrhundert. München 1977.

Die Identität des größeren Deutschland

Die interessantesten Studien über die Identität der Deutschen
stammen von Norbert Elias und Peter Sloterdijk, der in den
Münchner Kammerspielen eine überaus sensible »Rede über das
eigene Land« gehalten hat. Am meisten verdanke ich aber einer
Studie über »Posttraditionale Identität« des Münchner Psycholo-
gen Dr. Harro Honolka und entsprechenden Folgerungen, die
der Arbeitskreis Ausländerpolitik der SPD (an dem Honolka beteiligt ist) in München erarbeitet hat.

In der Flüchtlingsfrage danke ich Professor Peter J. Opitz, bei der
Frage des Föderalismus Professor Dr. Fritz Scharpf, in der Frage der
Insuffizienz des Nationalstaats Professor Dr. Elmar Altvater, bei der
Frage der Bilingualität Professor Dr. Helmuth Becker für vielfältige
Hinweise. Professor Becker hat mir geschrieben: »Die Denkfähigkeit
muß in einer Sprache stabilisiert sein, wenn die zweite Sprache
wirklich verarbeitet werden soll und die Kinder nicht reden sollen wie
ein UNESCO-Papier, das mehrfach in verschiedenen Sprachen hin-
und herübersetzt ist.« Diese Erkenntnis sollte man meiner Forderung nach einer Bewegung für bilinguale Schulen wohl hinzufügen.
Ebenso danke ich Herrn Dr. Jürgen Baumert für eine ausführliche
Bibliographie zu Fragen der Bilingualität.

Karl Richard Bausch/Frank G. König (Hg.), Sprachlehrforschung in der Diskussion – Methodologische Überlegungen des Fremd-sprachen-Unterrichts. Tübingen 1986.

Karl Heinz Bohrer, Warum wir keine Nation sind, in: *Frankfurter Allgemeine Zeitung* vom 13. 1. 1990.

Geoff Eley, Reshaping the German right – Radical nationalism and political change after Bismarck. New Haven/London 1980.

Norbert Elias, Studien über die Deutschen. Frankfurt/Main 1990.

Jürgen Habermas, Können komplexe Gesellschaften eine ver-nünftige Identität ausbilden? Rede aus Anlaß der Verleihung des Hegel-Preises, in: Jürgen Habermas/Dieter Henrich, Zwei Reden. Frankfurt/Main 1974.

Harro Honolka, Auf der Suche nach dem ›guten‹ Nationalgefühl: post-traditionale Identität und das Zusammenleben im Hause Europa (Manuskript).

Henrik Kreutz, Europäische Integration, Weltoffenheit und nationale Identität – Wie deutsch ist die Bundesrepublik? Wie deutsch soll sie sein? in: Paul Bocklet (Hg.), Zu viel Fremde im Land? Düsseldorf 1990.

Christian Graf von Krockow, Die Deutschen in ihrem Jahrhun-dert 1890–1990. Reinbek 1990.

William F. Mackey, Bilingual education in a binational school – A study of equal language maintenance through free alternation. Rowley/Massachusetts 1972.

Thomas Mann, Über Deutschland und die Deutschen – Rede. Berlin 1947.

Peter J. Opitz, Das Weltflüchtlingsproblem – Ursachen und Folgen. München 1988.

Hans Rosenberg, Große Depression und Bismarck-Zeit. Berlin 1967.

Hans Rothfels, Bismarck, der Osten und das Reich. Stuttgart 1960.

Fritz W. Scharpf, Entwicklungen des bundesdeutschen Föderalis-mus (vorläufige Fassung/Manuskript). Köln (Juni) 1990.

Axel Schulte, Multikulturelle Gesellschaft: Chance, Ideologie oder Bedrohung? in: *Politik und Zeitgeschehen*, 1. 6. 1990.

R. Schulze/D. von der Brelie-Lewin/H. Grebing (Hg.), Flücht-linge und Vertriebene in der westdeutschen Nachkriegs-geschichte. Hildesheim 1987.

Peter Sloterdijk, Versprechen auf deutsch – Rede über das eigene Land. Frankfurt/Main 1990.

Michael Stürmer, Das ruhelose Reich – Die Deutschen und ihre Nation. Berlin 1989.

Andreas Thomsen, Deutscher Föderalismus und europäische Integration, in: *Gegenwartskunde* 4/1986, S. 417ff.

Europa im letzten Jahrzehnt des zwanzigsten Jahrhunderts

Zur Vorbereitung dieser Rede hatte ich ausführliche Gespräche mit Professor Dr. Michael Stürmer und seinen Mitarbeitern in der Stiftung Wissenschaft und Politik (Ebenhausen) sowie mit Dr. Albrecht von Müller vom European Center for International Security in Feldafing am Starnberger See geführt. Beiden danke ich ausdrücklich für ihre Hilfe; die Idee eines Gürtels von Staaten, die den Durchzug fremder Truppen von beiden Seiten blockieren und dabei vertraglich abgesichert werden, also die Weiterentwicklung der bipolaren Sicherheitsarchitektur zu einer tripolaren, stammt von Albrecht von Müller. Provozierend ist Ferdinand Otto Miksches Buch »Das Ende der Gegenwart«; einerseits durch seine offene, klare, kompromißlose Sprache, andererseits aber auch durch einen sehr konzeptionellen, nur auf den ersten Blick antiquiert wirkenden »Gaullismus«, was die Konstruktion Europas betrifft. Reaktionär seine Auffassungen über die Bewahrung der europäischen Identität; insgesamt aber ein überaus interessantes Buch.

Bulletin der Bundesregierung, Konferenz über die Menschliche Dimension der KSZE. Dokument des Kopenhagener Treffens vom 29. 6. 1990. Bonn Juli 1990.

Heinz G. Kränzler, Die Europäische Gemeinschaft und der Wandel in Mittel- und Osteuropa, in: *Europa-Archiv* 3/1990.

Heinz Kramer, Die Ostpolitik der EG im Kontext der westeuropäischen Integrationsdynamik (Manuskript). Ebenhausen 1990.

Ernst Levi, Auf dem Weg zu einem gesitteten Miteinander – Eine Zwischenbilanz der Menschenrechtsfragen im Prozeß der KSZE, in: *Frankfurter Allgemeine* vom 5. 6. 1990.

Reinhard Loske, Klimaschutz, in: *Kommune* 6, 7, 8.

Ferdinand Otto Miksche, Das Ende der Gegenwart – Europa ohne Blöcke. München 1990.

Dieter Senghaas, Europa 2000 – Ein Friedensplan. Frankfurt 1990.

FREMDWÖRTERVERZEICHNIS

*»In jedem Fremdwort steckt der Sprengstoff von Aufklärung, in seinem
kontrollierten Gebrauch das Wissen, daß Unmittelbares nicht unmittelbar zu sagen, sondern nur durch alle Reflexionen und Vermittlung
hindurch noch auszudrücken sei.«*

Theodor W. Adorno.

Absolutismus Alleinherrschaft durch einen Monarchen, der
oberster Gesetzgeber, Gerichtsherr, Regierungsoberhaupt,
Militärbefehlshaber war
Agitation aggressive politische Werbung, politische Propaganda
Anachronismus Zeitwidrigkeit
Anthropologie Wissenschaft vom Menschen
Antisemitismus Judenfeindschaft
apokalyptisch geheimnisvoll, unheilverkündend
Assekuranz Versicherung
Assimilation das Aufgehen einer nationalen Minderheit in
einem anderen Volk
Atavismus Rückschlag, Wiedererscheinen von Eigenschaften
entfernter Vorfahren
auratisch zur Ausstrahlung gehörend
bilingual zweisprachig
chauvinistisch abwertende Bezeichnung für eine extrem natio-
nalistische Haltung
Chuzpe Dreistigkeit, Unverschämtheit
Croupier Bankhalter einer Spielbank
cuius regio eius natio wessen das Land, dessen (ist) die Nation
Curriculum Lehrplan, einheitlich in Inhalten und Zielen,
Methoden und Ergebnissen
de facto den Tatsachen entsprechend
Demagogie Aufwiegelung, Volksverführung
demaskieren entlarven
Denaturalisation Ausbürgerung
deportieren zwangsverschicken, verbannen
Diskurs lebhafte Erörterung, Unterhaltung
dissentieren anderer Meinung sein
Dogma Glaubenssatz

drangsalieren quälen, plagen
dual use zweifacher Gebrauch
Emanzipation Befreiung von Abhängigkeit und Bevormundung
Emphase Nachdruck, Leidenschaftlichkeit
empirisch auf Erfahrung beruhend, aus der Erfahrung
gewonnen
Ethnologe Völkerkundler
Ethnozentrismus die Einstellung ethnischer Gruppen, die
eigene Lebensform und Kultur anderen Gruppen gegenüber
als Maßstab anzuwenden oder für allgemeingültig zu halten
Faksimile orginaltreue Nachbildung
Fetisch Gegenstand religiöser Verehrung
Föderalismus Streben nach einem Staatenbund oder Bundes-
staat mit weitgehender Selbständigkeit der Einzelstaaten
Föderation Bündnis, Staatenbund, Bundesstaat
Genozid Völkermord
grand opera approach Herangehen im Stil der großen Oper
gravitieren angezogen werden, hinneigen
Holocaust Massenvernichtung
homogen gleichartig, übereinstimmend
Homunkulus kleiner Mensch, Menschlein
Identität völlige Übereinstimmung, Gleichheit, Wesenseinheit
Ideologie die Gesamtheit der Anschauungen und des Denkens
einer bestimmten gesellschaftlichen Schicht
Imagination Einbildungskraft, Vorstellungskraft
Infrastruktur wirtschaftlicher, organisatorischer Unterbau einer
hochentwickelten Wirtschaft
Innovation Erneuerung, Neuerung, Erfindung, Entdeckung
Inversion Umkehrung
juridisch der Rechtswissenschaft entsprechend, juristisch
jus publicum Europaeum Europäisches öffentliches Recht,
europäisches Völkerrecht
Katharsis seelische Reinigung, Läuterung
kollektiv gemeinsam, gemeinschaftlich, geschlossen
Konföderation Bündnis, Staatenbund
Konglomerat Gemenge, ungegliedertes Gemengsel aus
verschiedenen Dingen
Konkordanz übereinstimmendes Merkmal
Konsens Genehmigung, Übereinstimmung

konvulsivisch krampfartig
Konzession Zugeständnis, behördliche Genehmigung
kooperativ zusammenwirkend, zusammenarbeitend
Kooptation Wahl neuer Mitglieder durch die alten
  Mitglieder
korrumpieren bestechen, moralisch verderben
Kosmopolitismus Weltbürgertum
lingua franca Verkehrssprache
Linguist Sprachwissenschaftler
liquidieren auflösen, beseitigen, töten
Maxime Grundsatz, Lebensregel
Mennoniten eine im 16. Jhd entstandene Religionsgemeinschaft
Mesalliance Mißheirat, ungeeignete Verbindung
Metaphysik Lehre von den letzten, nicht erfahr- und erkenn-
  baren Gründen und Zusammenhängen des Seins
monströs ungeheuerlich, scheußlich
moral insanity moralischer Wahnsinn
Mujahedin Glaubenskämpfer im Heiligen Krieg
Mystizismus Wunderglaube
Mythos zur Legende gewordene Begebenheit
Neurose krankhafte Funktionsstörung des Nervensystems, die
  nicht auf organische Ursachen zurückzuführen ist
Nomenklatura herrschende Klasse in der Sowjetunion
Nonsense Unsinn, törichtes Gerede
Obsession Zwangsvorstellungen oder -handlungen, die mit
  Angsterlebnissen verbunden vorkommen
obskur dunkel, unklar, verdächtig
Ökologie Lehre von der Beziehung der Lebewesen zu ihrer
  Umwelt
Ökonomie Wirtschaft
Oligarchie Herrschaft einer kleinen Gruppe
Orthodoxie Strenggläubigkeit
Paravent Wind- oder Ofenschirm, Spanische Wand
performance Aufführung oder Vorstellung
peripher am Rand
Personalismus Lehre, daß der Mensch als wertendes, Stellung
  nehmendes Wesen aufzufassen und in der staatlichen
  Organisation zu berücksichtigen sei
Plädoyer der zusammenfassende Vortrag vor Gericht

Plutokratie Staatsform, in der die Macht auf dem Besitz, dem Reichtum beruht

polemisch streitbar, kriegerisch

populistisch auf Zustimmung des Volkes gegen »die da oben« angelegt

Pragmatismus die auf den praktischen, erfolgreichen Daseinsvollzug gerichtete Geisteshaltung

propagieren verbreiten, für etwas werben

Proselyt Neubekehrter, Überläufer

Provokation Herausforderung, Aufreizung

Rationalismus Vernunfterkenntnis, Vernunftglaube

Rehabilitierung Wiederherstellung

Resonanz Anklang, Widerhall

rezeptiv Sinneseindrücke aufnehmend, empfangend

rigoros streng, hart, rücksichtslos

Risorgimento Wiederbelebung, Wiederauferstehen

Ruritanier in einem bestimmten Land lebende Menschen

säkular alle hundert Jahre wiederkehrend, weltlich

Sakrileg religiöser Frevel, Entweihung, Vergehen gegen Heiliges

Satyr derb-lüsterner, bocksgestaltiger Waldgeist und Begleiter des Dionysos in der griechischen Sage

Satyrspiel heiter-groteskes, mythologisches Nachspiel nach der Aufführung einer Tragödientrilogie im alten Griechenland, dessen Chor aus Satyrn bestand

Scholastik die auf die antike Philosophie gestützte, christliche Dogmen verarbeitende Philosophie und Wissenschaft des Mittelalters

Separation Trennung, Absonderung

Sezession Abfall, Loslösung eines Staates, einer Provinz

Souveränität höchste, allumfassende, unbeschränkte Hoheitsgewalt

stimulieren anregen

Suada Rede-, Wortschwall

supranational übernational, überstaatlich

Synodaler Mitglieder einer Synode

totalitär die Gesamtheit umfassend

traktieren plagen, quälen

Trident Dreizack (Waffe Poseidons), heute ein modernes Waffensystem

Trio Infernale   teuflisches Dreigestirn
understatement   Untertreibung
Utopie   Wunschtraum, Hirngespinst
Verifikation   Prüfung, Beglaubigung
Xenophobie   Fremdenfeindlichkeit, Fremdenhaß

NAMENREGISTER